매일 청소 습관이

인생을

Why doing the cleaning will change your life!

바꾼다

매일 청소 습관이

인생을

Why doing the cleaning will change your life!

바꾼다

시가나이 야스히로 글 | 이용택 옮김

BOOK's
마니아

이 책은 실화를 바탕으로 한 일본 최초의 '**청소 소설**'이다.

읽으면서 '**청소 좀 했다고 해서, 정말 이런 일이 일어날 리가 있나!**' 하고 생각할 독자가 계실지도 모르겠다. 하지만 필자 자신의 체험은 물론, 일본 전국의 경영자, 친구, 지인에게 실제 일어났던 다양한 실화를 바탕으로 쓴 소설이므로, '이건 사실이 아니야.' 라는 걱정은 접어 두셔도 좋다.

이야기는 한 회사원이 공원에서 '쓰레기 줍는 노인'을 만나면서 시작한다. 노인의 수수께끼 같은 말을 들은 회사원은 자기도 모르게 빈 캔 하나를 줍고 그때부터 인생이 바뀌기 시작한다.

정말 청소를 하면 인생이 바뀔까?

'**쓰레기 하나를 줍는 사람은 소중한 것 하나를 줍는 사람**'이다. 따라서 인생이 달라질 수밖에!

제대로 된 '청소 습관'이 붙은 사람은 확실히 100퍼센트 인생이 바뀐다.

이 점은 필자의 경험으로 자신 있게 말씀드릴 수 있다.

'일', '돈', '인간관계', '연애'뿐 아니라 '가정', '운', '인생' 등 모든 것이 청소를 하면 좋아진다.

그 점은 **'청소를 한 사람만이 알 수 있고, 청소를 하지 않는 사람은 알 수 없다.'**

그러면 이제부터 이야기를 통해 청소를 하면 어떻게 인생이 바뀌는지 차근차근 음미해 보자.

이 책을 다 읽은 뒤에는…….

'청소를 하지 않고는 못 견디는 사람'이 되어 있을 것이다.

시가나이 야스히로

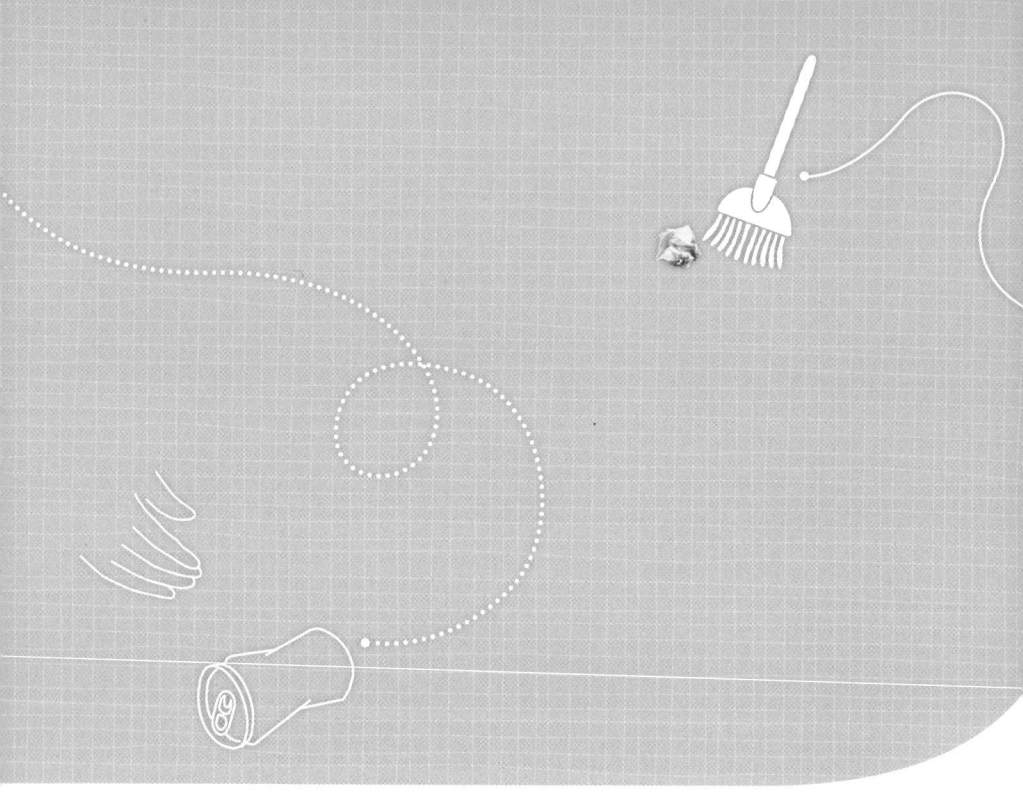

'쓰레기를 주우면서 인연도 함께 주웠다.
그 인연이 나의 운을 열어 주었다.'

일본 자동차 용품 판매 회사 '옐로햇' 창업 회장
'일본을 아름답게 만드는 모임(NPO법인)' 상담역
– 가기야마 히데사부로

'청소를 꾸준히 하면 인생이 바뀐다.'

'카레하우스 CoCo이치반야' 창업자
– 무네쓰구 도쿠지

목차

"청소를 하면
돈이 들어옵니까?"

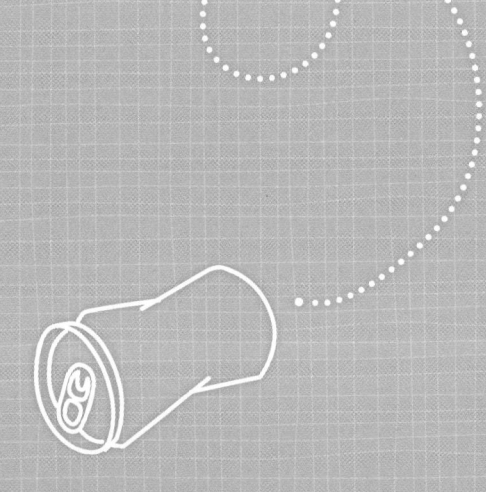

Ⅰ

상쾌한 4월의 아침 바람이 뺨을 스친다.

야마무라 게이스케는 방금 역을 빠져나와 팔을 크게 휘저으며 출근하는 길이다. 늘 그래 왔듯이 다리를 건너 직진하려는데 '공사 중' 안내판과 마주쳤다. 건물이 새로 들어서려는지 가스와 전기 매설 공사가 한창이었다. 길을 돌아가야만 했다.

게이스케는 시계를 들여다보며 잰걸음으로 강둑을 따라 걷다가 오른쪽으로 꺾었다. 그리고 조금이나마 길을 단축하기 위해 공원을 가로지르기로 했다.

얼마 전까지만 해도 벚꽃이 만발해 온통 분홍빛이었는데,

오늘 보니 어느새 벚나무에 이파리가 돋아 눈앞이 아찔해질 만큼 푸르렀다. 게이스케는 "스읍." 하고 크게 숨을 들이마셨다.

그때 게이스케의 눈에 공원 벤치 근처를 왔다 갔다 하는 한 노인이 들어왔다. 노인은 손에 장갑을 낀 채 쓰레기를 줍고 있었다.

'지역 봉사 활동을 하나 보군.'

별로 이상할 건 없는 모습이었다. 그런데도 어쩐지 이상해 보였다. 가까이 다가가 보고서야 그 이유를 알 수 있었다.

'정장'을 입고 있었던 것이다. 일흔 살이 한참 넘은 듯, 아니 여든 살은 된 듯한 노인은 요즘 유행하는 이탈리아식 정장이 아니라 예전에 유행했던 영국식 양복을 말쑥하게 차려입었다. 패션이나 브랜드에는 문외한인 게이스케가 딱 보기에도 꽤 비싸 보이는 옷이었다. 그렇다. 그런 사람을 한마디로 '신사'라고 하지!

그런데 노신사는 오른손에 목장갑을 끼고 왼손에는 쓰레기 봉투 두 개를 들고 있었다. 캔과 캔이 아닌 것을 따로 담으며 묵묵히 쓰레기를 줍는 노신사! 게이스케는 안타깝게도 다른 생각이 들었다.

'혹시 치매 걸린 노인 아니야?'

게이스케는 치매에 걸린 큰아버지가 떠올랐다. 큰아버지는 한밤중에 갑자기 양복을 입더니 "지금 회사에 가야 해. 긴급 임원 회의가 있거든." 하며 밖으로 뛰쳐나간 적도 있다. 놀란 큰어머니가 말렸지만 큰아버지의 힘을 이길 수는 없었다. 큰아버지는 그대로 택시를 타고 회사로 가 버렸다. 잠에서 깬 회사 경비원도 적잖이 놀랐을 거다. 경비원은 경찰에 신고를 했고 한밤중 회사 안에는 요란한 소동이 벌어졌다. 게이스케는 그 사건을 떠올리며 몸서리를 쳤다. 노인을 다시 보니 적잖이 걱정스러웠다.

하지만 노인이 치매라 하더라도 다행스럽게도 이 공원은 교통사고 위험이 없어 일단 괜찮을 것이다.

'쓸데없이 남의 일에 참견할 필요는 없지.'

게이스케는 회사로 가는 발걸음을 재촉했다.

야마무라 게이스케는 서른세 살의 독신남이다. 가스 회사 '다나카 에너지'의 공사 매니저 겸 영업 팀장으로 일하고 있다.

다나카 에너지는 주로 가스 배관 공사를 하거나 가스 기구를 팔아 왔지만, 최근에 수익률이 떨어지면서 '건축 리모델링' 분야까지 진출했다. 최근 몇 년 사이에 사원이 세 배로 불어나 스무 명이나 되었다.

게이스케는 다나카 에너지의 사장 다나카 오사무의 조카였다. 그래서 대학을 졸업하자마자 이 회사에 입사할 수 있었다. 처음에는 가스 설치 공사만 했지만, '다른 곳에서도 한번 일해 보는 것이 좋겠다'는 사장의 조언으로 3년 동안 '건축 사무소'에서 일하기도 했다. 그리고 다나카 에너지로 돌아오자마자 공사 매니저로 '리모델링' 사업을 총괄하기 시작했다.

"어이, 게이스케. 이리 좀 와 봐."

출근하자마자 다나카 사장이 사무실 옆에 있는 작업장으로 게이스케를 불렀다. 게이스케는 '또야?' 하는 생각이 먼저 들었다.

"이거 좀 어떻게 해 봐."

사장은 바닥을 가리키며 말했다. 바닥에는 온갖 쓰레기, 배선 코드, 파이프 조각이 널려 있었다. 어쩌다 청소를 해도 깨끗한 상태가 오래가지는 못했다. 팀장인 게이스케가 모질게 시키지 않으니 여덟 명의 팀원도 깔끔히 치우려 들지 않았다.

사장이 잔소리를 하면 그제야 그 자리에 있던 사람이 허겁지 겁 빗자루와 쓰레받기를 들고 청소를 시작했다. 하지만 또 사 흘만 지나면 원래 모습으로 돌아가곤 했다. 시키는 사람도 청 소하는 사람도 기분이 좋을 리 없었다. 이런 상황은 리모델링 사업을 시작하고 나서도 3년 동안 반복되었다.

"자네, 몇 번 얘기해야 알아듣나? 깔끔하게 청소하라니까."

"죄송합니다. 지금 바로 하겠습니다."

"아니, 그게 아니라, 매일 업무가 끝나면 시간을 정해서 치우 라고. 그렇게 어려운 일도 아닌데."

평소에는 온화한 사장이 오늘따라 말투가 조금 거칠었다. 게 이스케는 조용히 빗자루를 들고 커다란 쓰레기를 쓸어 모았다.

"이봐, 자네. 내 말 듣고 있나?"

"듣고 있습니다. 무슨 말씀이신지는 알겠는데요, 저희에게 쉴 틈 없이 일을 시키시니 청소할 시간을 낼 수 없잖아요. 그저 께도 그래요. 저희가 7시에 사무실로 들어왔더니 사장님이 2 번가에 있는 목욕탕에 가서 보일러 좀 보고 오라고 하셨잖아요. 저희는 밥도 못 먹고 밤 12시까지 보일러를 수리하고 있었다고요."

"그래, 그건 미안해. 너무 성질 내지 말라고. 자네가 열심히 한다는 건 잘 알아. 덕분에 건축 리모델링 사업도 이제 안정되어 가고 있지."

"그러니까……."

"그런데 내 성격 탓인지 어쨌든 지저분한 건 못 참겠어."

게이스케는 짜증을 내며 대꾸했다.

"업무에 지장을 줄 정도로 지저분한 건 아니지 않습니까? 발에 걸려서 넘어질 만큼 쓰레기가 쌓인 것도 아니고, 조금 지저분해도 별 상관없지 않습니까?"

"그렇긴 하지만……."

게이스케는 쓸어 모은 폐자재를 쓰레기봉투에 밀어 넣었다.

"자, 이제 됐죠? 조금 깨끗해졌네요."

사장은 바닥을 찬찬히 살펴보았다.

"아직 부스러기가 여기저기 널려 있잖나. 더 꼼꼼하고 말끔하게 좀 치울 수 없나?"

"사장님, '아이디어는 잡동사니 속에서 탄생한다'는 말도 있 잖아요. 얼마 전에 텔레비전에서 봤는데, 어떤 소설가가 '정리, 정돈되지 않은 너저분한 책상 위에서 명작이 탄생한다'고 하더 군요."

"소설가랑 가스 회사랑 같나?"

"그럼 한 가지 여쭤 볼게요. 사장님은 항상 청소해라, 청소 해라, 하시는데요, 청소를 하면 매출이 오릅니까? 돈이 들어 옵니까?"

사장은 말문이 막혔다. '청소를 하면 매출이 오르는지, 돈이 들어오는지' 생각해 본 적이 없기 때문이다. 직원이 자신의 얼 굴을 똑바로 쳐다보면서 물어보는데 마땅히 대답할 말이 없었 다. 멋쩍어진 사장은 괜히 큰소리쳤다.

"어쨌든 깨끗하면 기분은 좋잖아!"

대화는 이렇게 끝났다. 다른 직원들이 차례차례 출근하더니 작업복으로 갈아입고 각자 현장으로 뛰어나갔다.

게이스케는 게으름을 피운다거나 엉성하게 일을 처리하지 않 았다. 오히려 부지런하고 똑똑한 편이었다.

새롭게 리모델링 사업을 시작해서 이렇게 빨리 적자를 벗어날 수 있었던 것도 게이스케의 부단한 노력과 팀원을 통솔하는 능력 덕분이었다. 윽박지른다고 해서 젊은 직원이 따르는 것은 아니다. **마음속에서 '좋아, 그럼 한번 해 보자!' 하는 생각이 들도록 설득해야 한다.** 게이스케는 그런 면에서 뛰어났다.

하지만 그만큼 게이스케 자신도 따지길 좋아했다. 상사의 명령이라고 해도 '논리 정연한 설명'이 없으면 움직일 생각을 안 했다.

게이스케는 청소가 싫지는 않았지만, '청소의 중요성'을 그다지 느끼지도 못했다. 작업장 바닥이 너무 지저분하다고 느끼면 직원들을 불러 모아 다 같이 치우면 그만이었다. 청소는 일에 지장을 주지 않는 한도 내에서 하면 된다고 생각했다. 그래서 대략 2~3주에 한 번 정도만 청소를 했다.

사장이 너무 집요하게 잔소리를 늘어놓는 통에 반발심이 생겨 순간적으로 "청소를 하면 매출이 오릅니까? 돈이 들어옵니까?"라고 내뱉었지만, 어찌 보면 게이스케가 평소 품었던 의문이기도 했다. 30분 동안 청소를 하는 것보다 영업을 한 곳이라도 더 뛰는 편이 '이익'이 아닌가! '손님'은 돈을 주지만, '청소'는 돈을 주지 않으니까!

'좋아, 오늘은 마키하라 씨네 일을 봐주고 돌아오는 길에 오야 할아버지 댁에 들러야겠어.'

게이스케는 작업복으로 갈아입고 팀원과 함께 힘차게 사무실을 뛰쳐나갔다.

2

다음 날 아침, 보슬보슬 비가 내렸다.

게이스케는 어제처럼 공사 중인 길을 우회해서 공원 안으로 들어갔다. 공원에서는 어제의 노인이 쓰레기를 줍고 있었다. 가랑비가 내리는데도 노인은 우산을 쓰지 않고 묵묵히 쓰레기를 줍고 있었다.

어제 저녁에 게이스케는 큰어머니에게 전화를 걸었다. 아침에 '공원의 노인'을 보고 큰아버지의 병세가 걱정스러워졌기 때문이다. 큰아버지는 게이스케가 어렸을 때 게이스케를 유난히 귀여워해 주었다. 그런 큰아버지 치매가 요즘 더 악화되어 큰어머니 고생이 이만저만이 아니었다. 잠시라도 한눈을 팔면 큰아버지는 어느새 집을 나가 버린 후였다. 나가지 못하게 방문을 잠가 놓으면 큰아버지는 문을 쿵쿵 두드리며 큰 소란을 일으켰다.

"이제 나도 지쳤단다. 네 큰아버지를 좋은 요양원에 모셔야 하나보다."

게이스케는 안타까운 심정으로 전화를 끊었다.

어제 그런 통화를 하고 나서인지 오늘은 공원의 노인이 더 걱정스러웠다. 비까지 맞으며 홀로 쓰레기를 줍는 모습은 아무리 봐도 정상이 아니었다.

손목시계를 보니, 출근 시각까지 아직 30분쯤 여유가 있었다. 게이스케는 허리를 굽히고 묵묵히 쓰레기를 줍는 노인의 뒤를 쫓아갔다. 나무 뒤에 숨기도 하면서, 들키지 않도록 말이다. '말을 걸어 볼까?' 게이스케는 슬그머니 망설여졌다. 하지만 정말 '치매 노인'이라면 어쩌지? 과연 대화가 될까?

그런 생각을 하다가 문득 정신을 차려 보니, 노인이 뒤돌아서 게이스케 쪽으로 걸어오는 것이 아닌가? 너무 갑작스러운 일이라 게이스케는 그 자리에서 꼼짝할 수가 없었다. 이윽고 노인과 게이스케는 벤치를 사이에 두고 마주 보게 되었다. 노인이 입을 열었다.

"이보게, 나한테 무슨 볼일이라도 있나?"

노인의 매서운 말투에 게이스케는 깜짝 놀랐다. 외모는 칠십 대인데, 목소리는 오십 대처럼 정정했기 때문이다.

"아, 아니요……. 아무 일도."

"아무 일도 아니라고? 아까부터 내 뒤를 졸졸 따라와 놓고선. 모르는 놈이 뒤를 졸졸 따라오는데 기분 좋을 사람이 있겠어? 처음엔 이상한 놈인가 싶어서 괜히 걱정했네. 그런데 가까이에서 보니 멀쩡한 놈이로구먼."

"죄, 죄송합니다."

게이스케의 얼굴이 빨개졌다. 아무래도 치매 노인은 아닌 듯하다. 그렇다면 게이스케의 의문은 점점 커졌다. 이 노인은 왜 쓰레기를 줍고 있을까?

"저, 하나만 여쭤 봐도 되겠습니까?"

"뭐야, 갑자기……. 맘대로 내 뒤를 밟더니 이번엔 또 뭘 물어보겠다고?"

처음 만나서 아직 한두 마디밖에 얘기해 보지는 못했지만, 노인의 눈동자에서 어렴풋이 '온화함'이 느껴졌다. 성격은 조금 까다로운 듯하지만, 쓸데없는 적을 만들 만한 스타일은 아닌 것 같았다.

"죄송합니다. 저는 요 근처 회사에 다니는 사람입니다. 어제 출근길에 처음으로 선생님을 뵈었습니다. 공원에서 쓰레기를 줍고 계시던데……."

"아, 그랬나? 그래서?"

"그냥 왜 쓰레기를 줍고 계신지 궁금해서요. 그 이유를 여쭤 봐도 되겠습니까? 환경미화원도 아니신 것 같고, 봉사 활동으로도 보이지 않아서요."

"뭐어? 겨우 그런 질문인가. 난 단지 쓰레기를 줍고 싶어서 줍는 거야."

"쓰레기를 줍고 싶다고요?"

"그렇다니까. 당연한 거 아닌가? 쓰레기를 줍기 싫은데 주울 사람이 어디 있나?"

빗방울이 조금 약해졌다. 게이스케는 질문을 바꿨다.

"그럼 왜 쓰레기를 줍고 싶으신 건가요? 쓰레기를 주우면 뭐 좋은 일이라도 생기나요?"

"허, 이거 참! 그럼 좋은 일이 안 생기면 쓰레기를 줍지 말아야 한다는 건가?"

"그런 뜻은 아니지만. 보통 사람은 이득이 안 생기면 행동으로 옮기지 않잖아요. 그렇지 않습니까?"

"허허, 꽤 솔직한 놈이로구먼. 분명 자네 말도 일리가 있어."

노인은 오랜만에 온 반가운 손님을 맞이하는 양 표정을 누그러뜨리고 대답했다.

"흠, 처음부터 정답을 말하면 시시한데……. 사실 청소를 하면 이득이 생긴다네."

"어떤 이득요?"

게이스케는 문득 어제 사장과 나눈 대화가 떠올랐다. "청소를 하면 매출이 오릅니까?"라고 물었지만 사장은 제대로 대답하지 못했다. 그런데 이 노인이라면 뭔가 대답해 줄지도 모른

다는 생각이 들었다. 그때 노인이 게이스케가 생각지도 못한
말을 내뱉었다.

"쓰레기를 줍기 싫으면 안 주워도 돼."

"네?"

"못 들었나? 별로 줍고 싶지 않으면 줍지 않아도 된다고."

게이스케는 이 말에 울컥했다. 노인은 '쓰레기를 주우면 이득
이 생긴다'고 말했다. 그래서 게이스케는 '그 이득이 무엇인지'
를 물었던 것이다. 그런데 '별로 줍고 싶지 않으면 줍지 않아도
된다'니. 게이스케는 자기가 먼저 '쓰레기를 줍고 싶다!'며 나선
것도 아닌데, 슬그머니 화가 치밀어 올랐다. 화를 억누르며 게
이스케가 물었다.

"혹시 지금까지 살아오시면서 뭔가 나쁜 일이라도 저지르셨
나요? 그래서 그 죗값을 치르기 위해 남몰래 쓰레기를 줍고 있
나요?"

"하하하, 별 소리를 다 듣겠네. 뭐, 그렇게까지 알고 싶다면
야 한 가지 힌트를 주지. 귀 좀 빌려 주게."

노인은 벤치를 빙 돌아서 게이스케에게 다가왔다. 그리고 우
두커니 서 있는 게이스케의 귀에 대고 가만히 속삭였다.

"쓰레기를 주워 본 사람만이 알 수 있는 거라네."

게이스케는 왠지 우롱당한 기분이었다. 어이없어하는 게이스
케를 슬쩍 바라본 노인은 다시 쓰레기를 줍기 시작했다. 손목
시계는 업무 개시 시각 5분 전을 가리키고 있었다.

"지각이다!"

게이스케는 노인에게 살짝 고개를 숙여 인사하고는, 황급히
회사로 뛰어갔다.

"청소를 하면
돈이 들어옵니까?"

처음부터

정답을 말하면 시시하지만,

사실 청소를 하면

이득이 생긴다.

3

그로부터 1주일이 지났다. 게이스케는 왠지 그 노인을 다시 만나기가 싫어서 공원을 가로지르는 지름길을 두고 일부러 먼 길로 출퇴근했다.

노인을 만난 지 며칠이 지났건만, "쓰레기를 주워 본 사람만이 알 수 있는 거라네."라던 노인의 한마디가 머릿속에서 떠나지 않았다. 몇 번이나 그 말을 머릿속에서 떨쳐 버리려 했지만, 오히려 더 뚜렷이 새겨졌다.

게이스케는 마음에 걸리는 것이 있으면 철저하게 파고들어야 직성이 풀렸다. 다시 한 번 그 노인에게 "너무 거만 떨지 마시고, 쓰레기를 주우면 어떤 이득이 생기는지 가르쳐 주세요."라고 물어보고 싶은 마음이 걷잡을 수 없이 커지기만 했다.

따사로운 5월이 되었다. 게이스케는 사무실에서 확실히 '이득을 줄 만한 곳'으로 보낼 팩스문을 작성하고 있었다. 시계를 보니 어느덧 오후 1시가 지나 있었다. 부랴부랴 일어나 근처

식당으로 점심을 먹으러 나갔다.

다나카 에너지는 상점가 안에 있었다. 여러 가게가 늘어서 있는 상점가에는 '와카바 유치원'도 있었다. 게이스케는 유치원의 노란색 담장 너머 정원에서 놀고 있는 어린이들을 바라보면서 상점가를 걸어갔다.

그때 발 아래에서 무언가 '덩그렁' 하며 걸리는 소리가 났다. '빈 캔'이었다. 우연히 발에 차인 캔이 경쾌한 소리를 내며 몇 미터 앞으로 굴러갔다.

그 순간 게이스케는 허리를 숙여서 빈 캔으로 손을 뻗었다. 캔을 줍는 순간, 퍼뜩 정신이 들었다.

'이 캔을 어쩌려고……'

게이스케는 자신이 한 행동에 놀랐다. 생전 처음 길거리에 떨어진 빈 캔을 주웠기 때문이다. 게이스케는 자신도 모르게 주위를 두리번거렸다. 누가 자신의 행동을 봤을지도 모른다는 생각 때문이었다. 상점가이기 때문에 당연히 지나다니는 사람이 있었다. 그러나 아무도 게이스케의 행동에 주의를 기울이지는 않는 것 같았다.

언뜻 유치원 창문 너머 젊은 여교사가 눈에 띄었다. 멀리 떨어져 있어서 여교사의 시선이 어디를 향하는지 정확하게 알 수는 없었지만, 아무래도 게이스케를 보는 듯했다. 어쩌면 게이스케의 기분 탓일지도 모른다. 하지만 게이스케는 얼굴이 달아올랐다. 분명 몹시 빨개졌을 것이다.

'이게 뭐야, 창피하게.'

게이스케는 빈 캔을 손에 들고 거리에 우두커니 서 있었다.

'얼른 버려야지.'

게이스케는 잰걸음으로 5미터 앞에 있는 술집으로 다가갔다. 그리고 자동판매기 옆에 놓인 '재활용 쓰레기통'에 캔을 '텅' 하고 던져 넣었다.

점심을 먹고 사무실에 돌아오자 구사노 쇼헤이가 빙글빙글 웃으며 다가왔다.

"에헤헤, 우연히 봤어요, 팀장님. 아까 길거리에서 빈 캔 주우셨죠?"

게이스케는 또 얼굴이 빨개졌다. 대답할 말이 궁해졌다.

"어? 그, 그랬나?"

"뭘 그렇게 쑥스러워하세요? 좋은 일이잖아요. 멋있었어요."

쇼헤이는 별일 아니라는 듯 불쑥 한마디 던지고는 다시 자신의 일에 열중했다. 게이스케는 누가 눈치 챌까 봐 사무실 안쪽을 바라봤다. 혹시 쇼헤이의 말을 사장님이 들었을까 봐 불안했다. 다행히 작업장에는 아무도 없었다.

4

다음 날 아침 게이스케는 평소보다 일찍 집을 나섰다. 노인을 만나기 위해서였다. 만날 약속을 한 것도 아닌데, 무작정 공원에 가 보기로 했다.

"있다."

게이스케는 엉겁결에 소리를 질렀다. 양복을 입은 노인이 오늘도 쓰레기를 줍고 있었다. 전날 체육대회라도 열렸는지 공원에는 쓰레기가 여기저기 버려져 있었다. 벤치 근처에도 빈 캔과 도시락 쓰레기가 넘쳐났다.

노인은 게이스케가 다가오는 모습을 보고 "오호……. 잘 있었나?" 하고 인사했다. 게이스케도 "안녕하십니까." 하며 꾸벅 인사했다.

"저……. 저번에는 감사했습니다."

"응? 저번에 내가 뭘 해 줬기에?"

"아, 아뇨. 그냥 고맙습니다."

"뭐가 그렇게 고맙나?"

"그게……. 그러고 보니 아무 일도 없었네요."

"흠……."

노인은 하던 일을 멈추고 게이스케를 바라보며 싱긋 웃었다.

"오늘은 전보다 일찍 출근하는군."

"네. 선생님께 여쭤 보고 싶은 게 있어서요."

"흠, 뭐가 궁금한데?"

노인은 그렇게 말하면서 다시 쓰레기를 줍기 시작했다.

게이스케는 쓰레기 줍는 노인의 뒤를 졸졸 따라가면서 어제 있었던 일을 이야기했다. 생전 처음으로 길거리에 떨어진 '빈 캔'을 주운 일을 말이다.

"저번에 말씀하셨잖아요. 쓰레기를 주워 본 사람만이 알 수 있다고…….."

노인은 그 순간 쓰레기 줍는 손을 멈췄다.

"아하, 그래서 자네가 쓰레기를 주워 보니 뭔가 알겠던가?"

"아뇨, 전혀요."

"당연하지. 겨우 빈 캔 하나 주웠을 뿐인데……."

게이스케는 조금 울컥했지만 꾹 참고 대답했다.

"저번에 쓰레기를 주우면 뭔가 이득이 생긴다고 말씀하셨죠?"

"뭐? 내가 그런 얘길 했어?"

"하셨습니다."

"그랬던가? 그럼 좀 잘못 말한 것 같네. 그 말은 쓰레기를 주우면 마음속에서 무언가가 생기고, 무언가가 바뀌는데, 그 무언가는 쓰레기를 주워 본 사람만이 안다는 뜻이야. 어때? 쓰레기를 주워 봤더니 마음속에서 무언가가 생겼나?"

게이스케는 마치 '점쟁이'의 말재간에 걸려든 것처럼 어제 그 순간의 기분을 솔직히 털어놓았다. 누가 보지나 않았을까 창피해서 얼굴이 빨개졌다는 사실까지 이야기했다. 팀원에게 놀림을 받고 다시 한 번 얼굴이 달아오른 일도 말했다.

게이스케에게는 귀여운 유치원생 조카가 있다. '와카바 유치원' 앞을 지날 때 눈앞에 떨어진 빈 캔을 주운 이유를 곰곰이 생각해 보면, '조카처럼 어린애가 걸려서 넘어질 수 있겠다'고 의식했기 때문인 듯 싶었다. 그래서 무의식중에 행동으로 옮긴 것일지도 모른다.

게이스케는 자신이 '위선자이자 기회주의자'가 아닐까, 하는 생각이 들었다. '겨우 빈 캔 하나 주웠다고 지금까지 살아오면서 저지른 악행을 전부 용서받고 싶어 하는 것'은 아닐까? '남에게 칭찬받고 싶어 하는 것'은 아닐까? 겨우 빈 캔 하나 주웠다고 '착한 사람' 행세를 하려는 자신을 스스로도 용납할 수 없었다.

노인은 묵묵히 쓰레기를 주우면서 "응……. 응." 하며 맞장구쳤다. 그리고 마침내 입을 열었다.

"겨우 빈 캔 하나 때문에 너무 많은 생각을 하는구먼. 정말 따지기 좋아하는 놈이네. 너무 따지면서 살면 피곤하지 않아? 겨우 빈 캔 하나 줍고도 이 정도인데, 100개 주우면 엄청 큰 일이 나겠구먼. 너무 생각하느라 머리에서 불이 날지도 모르겠어, 하하하."

"……."

"한 가지 더 가르쳐 주지. 쓰레기 하나를 버리는 사람은 소중한 것 하나를 버리는 사람이고, 쓰레기 하나를 줍는 사람은 소중한 것 하나를 줍는 사람이야."

"그 소중한 것이 '이득'이라는 말씀입니까?"

"멍청한 놈! 이득, 이득……. 이득밖에 모르나? 너무 이해관계를 따지지 마. 그보다 그 빈 캔을 주웠을 때 뭔가 소중한 하나를 주웠다는 느낌이 들지 않았어?"

게이스케는 곧바로 대답할 수 없었다. 다만, 그렇게 '한없이 창피한 기분'은 처음이었다. 분명……. '무언가가 마음속에서 생겼다'는 것만은 틀림없는 사실이었다.

쓰레기를 주우면

마음속에서 무언가가 생기고,

무언가가 바뀌는데,

그 무언가는

쓰레기를 주워 본 사람만이 안다.

매일 청소 습관이
인생을 바꾼다

"청소를 하면
돈이 들어옵니까?"

쓰레기 하나를 버리는 사람은

소중한 것 하나를 버리는 사람이고,

쓰레기 하나를 줍는 사람은

소중한 것 하나를 줍는 사람이다.

매일 청소 습관이
인생을 바꾼다

5

　그날, 게이스케는 사무실에 출근하자마자 '작업장 청소'를 시
작했다.

　평소에도 업무 개시 시각 30분 전에 출근했지만, 본격적인
업무를 시작하기 전에는 대개 신문을 읽거나 커피를 마시면서
시간을 때우곤 했다. 그런데 오늘은 게이스케가 빗자루와 쓰레
받기를 들고 청소를 하고 있으니 출근하는 팀원들마다 의아한
눈빛으로 바라보았다.

　아니나 다를까, 쇼헤이가 농담을 걸어 왔다.

　"팀장님. 무슨 일이세요? 어디 아프세요?"

　"아냐. 그냥 좀 지저분한 것 같아서 청소하는 거야."

　'쓰레기를 주워 본 사람만이 알 수 있다', '쓰레기 하나를 줍
는 사람은 소중한 것 하나를 줍는 사람이다'라는 노인의 두 마
디가 신경 쓰여서 견딜 수 없었다. 그렇다면 직접 '실험'하고 '경
험'해 볼 수밖에 없었다. 그렇게 '증명'해 보지 않고서는 노인의
말을 이해할 수가 없을 것 같았다.

게이스케는 팀원들의 따가운 눈초리를 받고는 얼굴이 빨개졌다.

"그냥 보고만 있어. 같이 청소하자고는 안 할 테니까. 그냥 내가 오늘따라 청소하고 싶어졌을 뿐이야."

그렇게 말하고는 작업장 구석구석을 깨끗이 쓸었다.

사장이 깨끗해진 작업장을 보고 한마디 했다.

"거봐, 어쨌든 깨끗하게 청소하면 기분이 좋다고 했잖아!"

사장이 전에 그런 말을 했을 때에는 그저 어리석게만 들렸다. 그런데 이렇게 혼자 일터를 청소하고 나서 뿌듯한 감정이 솟아오르자 괜히 웃음이 나왔다.

'그래, 깨끗하게 청소하니 기분은 확실히 좋아!'

그러나 바라던 답은 아직 찾아내지 못했다. 전에 사장에게 물어봤던 '청소를 하면 매출이 오릅니까?'라는 질문과, 노인에게 물어봤던 '청소를 하면 이득이 생깁니까?'라는 질문에 대한 답은 나오지 않았다.

다음 날 아침에도, 그 다음 날 아침에도 게이스케는 작업장 청소를 했다. 청소하고 깨끗한 하루를 보냈더니, 이후로는 청소하지 않고 지저분한 채로 있으면 기분이 나빴다. 마치 '양치

질'을 빼먹은 것 같은 느낌이었다. 한 번 깨끗한 느낌을 맛보니 더 이상 지저분하게 있기가 싫어졌다.

그렇게 청소를 하다 보니, 청소가 게이스케의 일과가 되었다. 그리고 가끔씩 기도를 하듯 작은 소리로 중얼거렸다.

"쓰레기 하나를 줍는 일은 소중한 것 하나를 줍는 일……."

6

장마가 찾아왔다. 올해는 강우량이 많다. 덕분에 '가스 건조기' 주문이 빗발쳐서 매우 바빴다. 게이스케의 청소는 계속되었지만, 아직 '답'은 발견하지 않은 채 시간만 흘러갔다.

게이스케가 작업장 청소를 시작한 지 두 달이 지났다. 그날 아침에도 평소처럼 출근 카드를 찍고 나서 작업장으로 갔더니 누군가 먼저 와 있었다. 쇼헤이였다. 쇼헤이의 손에는 빗자루와 쓰레받기가 들려 있었다.

"쇼헤이, 무슨 일이야?"

"그건 제가 하고 싶은 말이에요. 팀장님이야말로 그날따라 지저분해서 청소한다더니, 지금까지 두 달 동안 하루도 안 빼먹고 쭉 청소하셨잖아요. 벌써 두 달이나 됐다고요."

"아, 한번 해 보니까, 청소하지 않고서는 못 배기겠더라고. 그래서 그냥 계속하는 것뿐이야. 그러니까 쇼헤이는 신경 쓰지 않아도 돼."

쇼헤이는 약간 정색하며 대답했다.

"그럴 수 없어요. 팀원들에게 보란 듯이 청소하시잖아요. 저희가 어쩔 줄 모르겠다고요."

"아냐, 그런 거. 정말 내가 청소하는 게 좋아서 하는 거지, 다른 팀원들도 하라고 보여 주는 건 아냐."

"네, 네, 알겠습니다. 저도 그냥 말씀드린 것뿐이에요. 팀장님이야말로 신경 쓰지 마세요. 저도 청소하는 게 특별히 싫지는 않으니까. 뭐 오늘따라 저도 청소하고 싶네요."

쇼헤이가 이미 청소를 거의 다 끝내 놓았기 때문에 게이스케가 손댈 곳이 없었다.

할 일이 없어진 게이스케가 거리로 나가 봤더니 여기저기에 빈 캔과 과자 봉지가 굴러다니고 있었다. 이전에도 비슷한 광경을 보았을 텐데, 왜 지금까지는 쓰레기가 떨어져 있다는 사실을 깨닫지 못했을까?

게이스케는 사무실에 돌아와서 목장갑과 쓰레기봉투를 들고 다시 거리로 나갔다. 그리고 사무실에서 보이는 곳까지 거리에 떨어진 쓰레기를 줍기 시작했다.

왜 이런 일을 하고 있는지 게이스케 자신도 제대로 설명할 수 없었다. 그저 쓰레기를 묵묵히 주울 뿐이었다.

다음 날, 당황스러운 일이 일어났다. 게이스케가 출근하고 보니, 쇼헤이가 다른 팀원 세 명과 함께 작업장 청소를 벌써 다 끝내 버린 것이었다.

그리고 그로부터 1주일 후에는 모든 팀원이 업무 개시 전에 '작업장 청소'를 하게 되었다. 게이스케가 출근하고 보면 늘 모든 것이 정돈되어 있었다. 결국 게이스케가 할 일은 사라졌다. 실험을 계속하기가 어려워진 셈이다.

7

또 두 달이 흘렀다. 거리에서 매미 울음소리가 들려왔다.

이제는 작업장에서 일하는 직원뿐만 아니라 사무직 직원들도 업무를 시작하기 전에 모두 함께 청소를 한다. 워낙 넓지 않은 공간이기 때문에 전 직원이 모두 달려들어 청소하면 불과 10분도 걸리지 않았다. 그렇다고 해서 청소를 해야 한다는 '규칙'이 생겨난 것은 아니었다.

게다가 게이스케가 '사무실 앞 청소'를 시작하고 나서 얼마 지나지 않아, 어느샌가 모두 밖으로 나와 거리를 청소하게 되었다. 사무실 앞 청소도 다 같이 모여서 하면 몇 분밖에 걸리지 않았다.

처음에는 사무실 양쪽 5미터 앞까지만 청소했지만, 그 범위가 10미터, 15미터……. 점점 넓어졌다.

'그 노인은 아직도 공원에 계실까?'

게이스케는 다음 날, 공원을 가로질러 출근하기로 했다. 두 달 만이었다. 물론 노인을 만나기 위해서였다.

'저기 계시군.'

짙은 녹음의 그림자 속에 노인의 모습이 보였다. 게이스케는 왠지 반가운 마음에 노인에게 달려갔다.

"안녕하세요."

"아, 전에 봤던 청년이로구먼. 잘 지냈나?"

"네, 덕분에요."

"오늘 표정이 꽤 밝구먼. 근데 오늘도 뭐 물어보고 싶은 게 있나 보네?"

노인은 마치 자신의 손자라도 만난 듯이 인자한 눈빛으로 게이스케를 바라보았다. 게이스케는 최근 두 달 동안 회사에서 벌어진 일들을 말해 주었다.

"허어, 거 참 잘됐군."

"글쎄요. '쓰레기 하나를 줍는 사람은 소중한 것 하나를 줍는 사람이다'라는 선생님의 말씀과 딱 맞지는 않지만 아무런 지시가 없었는데도 팀원들이 스스로 움직였다는 것 자체만으로도 기뻐요. 여태껏 그런 적이 없었거든요."

"그래서?"

노인의 눈빛이 약간 날카로워졌다.

"그래서라뇨?"

"그것뿐이야?"

"아⋯⋯. 네."

게이스케는 노인에게 '칭찬'받을 줄 알았다. 그런데 뜻밖의
차가운 말투에 조금 실망했다.

"뭐야? 자네, 나한테 칭찬이라도 바란 겐가?"

게이스케는 핵심을 찔려서인지 "네." 하고 수긍하고 말았다.
노인은 계속해서 말을 이었다.

"이보게, 젊은이. 자네가 한 것은 지극히 당연한 일일 뿐이
야."

"당연한 일요?"

"그래, 당연한 일. 원래 쓰레기는 바닥에 떨어져 있으면 안
되는 법이야. 직장도 깨끗해야 당연한 거고. 결국 자네 직장을
누가 지저분하게 만든 거겠어? 너저분한 직장이 마이너스 상태
라고 한다면 그것을 자네랑 자네 동료들이 원래 상태로 돌려놓
았을 뿐이지. 길거리도 처음부터 지저분하지는 않았어. 지저분
한 것을 치우는 일은 아침에 일어나서 세수하고 이 닦고 밥 먹
는 것처럼 '습관'일 뿐일세. 그 정도 일로 우쭐해야 쓰겠나?"

게이스케는 울컥해서 표정이 굳어졌다. '우쭐'이라는 말에 반발심이 생겼다. 결코 우쭐해서 이야기한 것이 아니었기 때문이다.

"오호, 화났구먼, 하하하! 용서해 주게. 내가 말이 지나친 것 같군. 대신 한 가지 좋은 걸 가르쳐 주지."

"뭡니까?"

"아까 자네가 이야기한 것처럼, 이전에 내가 '쓰레기 하나를 줍는 사람은 소중한 것 하나를 줍는 사람이다'라고 말했잖아?"

"네……."

"그 소중한 것을 자네는 이미 손에 넣었어."

"네? 팀원이 함께 청소를 하게 된 것 말인가요?"

"그건 아닐세."

"……."

"걱정 마. 머잖아 알게 될 테니까. 스스로도 그게 뭔지 잘 생각해 보라고. 아마 소중한 것을 하나가 아니라 여러 개 줍게 될 거야."

"네? 여러 개요?"

게이스케는 마치 〈스타워즈〉에 나오는 '루크'와 '요다'의 사제

관계처럼, 어느샌가 노인을 '스승'으로 떠받들고 있었다. 바로 '청소의 스승'이었다.

"자네, 빈 캔을 처음 주웠을 때 이렇게 생각하지 않았나? '빈 캔 하나 주웠다고 뭐가 달라지겠어?'라고."

"맞아요. 세상에는 몇 만 개, 아니, 몇 억 개나 되는 빈 캔이 길거리에 떨어져 있어요. 그중에 겨우 하나 주웠다고 '착한 일을 했다'며 우쭐대는 것은 말이 안 돼요. 또, 하나만 주워서는 아무런 도움도 되지 않고요."

"그런데도 자네는 그 빈 캔 하나를 주웠어. 겨우 캔 하나를 주웠을 뿐이지만, 어쩌면 그 캔에 유치원생이 걸려서 넘어지는 사고를 예방한 것일 수도 있어. 겨우 하나라고 생각할지도 모르지만 그 하나가 없다면, 둘도, 셋도, 백도, 천도, 만도, 억도 없을 거야."

"……."

"그래. 모든 것은 하나부터 시작해. 그런 의미에서 '0과 1의 차이'는 1이 아니라, 사실 어마어마하게 커. '0과 1의 차이'는 백, 천, 만, 억과 맞먹지."

마치 불교의 '선문답' 같았다.

게이스케는 아무 말 없이 고개를 꾸벅 숙여 인사하고는 그
자리를 떴다.

8

예년보다 일찍 나타난 잠자리가 나뭇가지 끝에 앉아 있었다.

노인이 내준 숙제는 좀처럼 풀리지 않았다. 노인은 게이스케
가 '소중한 것'을 이미 손에 넣었다고 했다.

청소를 하면 확실히 상쾌하고 기분 좋았다. 깨끗한 직장, 깨
끗한 거리를 보는 것도 즐거웠다. 하지만 처음에 게이스케가
사장과 노인에게서 자극받아 청소를 시작하게 한 의문은 풀리
지 않았다.

'청소를 하면 매출이 오르는가?', '청소를 하면 돈이 들어오는
가?', '청소를 하면 이득이 생기는가?'

하지만 이제 그런 것은 아무래도 상관없었다. 청소하면 기분
이 좋아지는 지금, 이득이냐 손해냐에 상관없이 청소를 그만둘

생각이 전혀 들지 않았다.

　그로부터 또 두 달이 흐른 어느 날 오후였다.

　쇼헤이가 가스난로 수리 공사를 마친 후 사무실로 돌아와서
는 이런 이야기를 꺼냈다.

　"팀장님, 해냈어요! 건물 한 채를 통째로 리모델링하는 계약
을 따 낼 수 있을 것 같아요."

　"우아, 그래? 대단하군. 마침 요 근래 두 달 동안 목표 실적
을 달성하지 못해서 걱정이었는데, 수고했어. 그런데 어떤 건
이야?"

　쇼헤이는 우쭐대며 이야기를 이어 갔다.

　"3번가의 야마구치 씨네 가스난로에 불이 안 켜진다고 전화
가 와서, 얼른 뛰어가 고치고 왔어요. 난로는 쉽게 고쳤어요.
그런데 싱크대 안에 설거지거리가 가득 차 있더라고요. 야마구
치 씨네 아줌마는 깔끔한 걸 좋아하는데, 이상했죠. 그래서 여
쭤 봤더니 최근에 아줌마가 허리를 삐어서 몸을 앞으로 숙이지
못해 설거지를 제대로 못한다고 하시더라고요. 그런데 요즘 우
리가 회사 안팎을 청소하면서 느낀 깔끔한 기분이 떠올라서,

설거지거리를 그냥 지나칠 수가 없더라고요. 그래서 제가 설거지를 해 드렸죠."

"오, 멋있는걸."

"그렇죠? 제가 좀 멋있는 놈이에요, 헤헤. 근데 이야기는 이게 끝이 아니에요. 설거지를 하다 싱크대가 너무 낮다는 걸 깨달았어요. 허리를 다친 사람이라면 설거지하기가 더욱 어렵겠더라고요. 그래서 우리 회사에서 싱크대를 사용하기 쉽도록 높게 조정해 드리면 어떻겠냐고 말씀드렸죠. 그러자 기꺼이 좋다고 하시더라고요. 쉰여덟 살이라고 하셨나? 그 아줌마도 나이가 있으시니까. 아마 남편분도 동갑이실 거예요. 이제 몸이 슬슬 굳을 나이죠. 그래서 내친 김에 집 안을 전부 살펴보았어요. 아무래도 나이 드신 분께는 불편한 구조였어요. 수도꼭지는 구식이라서 잘 잠기지도 않더군요. 욕실은 외풍이 들어와서 춥고 화장실에는 샤워기도 없더라고요."

"그래?"

게이스케는 정신없이 내뱉는 쇼헤의 말에 귀를 기울였다.

"그래서 몸을 움직이시기 편하도록 앞으로 노후 생활까지 고려해서 일일이 리모델링을 제안했어요. 그러자 아줌마는 안 그래도 남편분이 정년 퇴직을 앞둔 터라 노후 생활에 관해 상담 받으려고 하셨대요. 다음에 시간 내서 남편분이랑 리모델링에 관해 자세한 이야기를 듣고 싶대요."

게이스케는 쇼헤이의 이야기를 들으면서 심장이 뛰는 것을 느꼈다. 단순히 '리모델링 계약을 딸 수 있기 때문'만은 아니었다.

쇼헤이에게 열심히 영업을 가르쳐 봤지만 쇼헤이는 선천적으로 '영업에 서툰 직원'이었다.

원래 가스 회사는 리모델링 계약을 따는 데 매우 유리하다. '방문 영업'이나 '소개 영업'을 할 필요가 없다. 가스 기구를 구입한 고객의 집에 기구를 '설치해 주기 위해' 자연스럽게 방문할 수 있기 때문이다.

고객의 집에서 바닥 난방이나 욕실 난방 이야기를 아무렇지도 않게 꺼낼 수도 있다. 아이가 있는 집에서는 '아이의 공부방을 넓히는 게 어떻겠습니까?' 하고 제안할 수도 있다. 아무 일도 아닌 듯 대화하는 중에 화제를 '리모델링'으로 자연스럽게 연결할 수 있어 고객에게 거부감을 주는 공격적인 영업을 할 필요가 없는 것이다.

하지만 쇼헤이는 몇 번이나 철저한 교육을 받았지만, 영업을 잘 하지 못했다. '아이가 있는 집에서는 공부방 얘기를 꺼내라'고 하면 딱 그 얘기만 하고 나왔다. '고객 개개인의 상황'을 판단하고 필요한 것을 찾아내는 일이 쇼헤이에게는 어렵기만 했다.

그런데 이게 어쩐 일인가? 오늘은 쇼헤이가 고객에게 '스스로' 제안했다.

쉬운 일처럼 보이지만, '고객의 욕구'를 파악하는 것은 꽤 어렵다. 정해진 방식이 없기 때문이다. 그래서 영업은 가르친다고 되지도 않고, 하루 아침에 익힐 수도 없다.

사실 게이스케에게도 영업과 관련된 잊지 못할 일이 있다.

얼마 전 근처에서 '빈집털이 사건'이 자주 일어났다. 유리창을 깨서 자물쇠를 풀고는 당당히 집 안에 들어가는 수법이 많았다. 게이스케는 뭔가 대책이 없을까 고민했다.

그래서 '증축 공사'를 마친 건물의 유리창에 '투명 비닐 시트'를 붙일 것을 제안했다. 그러면 범인이 유리창을 깨려고 해도 잘 깨지지 않는다. 깨는 데 성공한다 해도 깨기까지 시간이 오래 걸린다. 그것만으로도 '방범 효과'는 뛰어나다. 그런 내용을 텔레비전에서 본 게이스케가 실천에 옮긴 것이다.

고객은 크게 만족하고 주변에 그 사실을 퍼뜨렸다. 그 때문에 5~6채의 건물 유리창에 비닐 시트를 서비스로 붙여 주는 수고를 했지만, 그러는 중에 가스 기구 두 개를 팔 수 있었다. 조금 멀리 돌아가긴 했지만, 결국 '매출'로 연결된 셈이다.

게이스케는 이 두 가지 일이 우연이 아니란 생각이 들었다. **'청소하는 습관'을 들이면서부터 쇼헤이뿐만 아니라 모든 직원이 '자신의 마음속에서 뭔가 변화가 일어났다는 사실'을 실감한 것이다.** 확실히 무언가가 변했다.

'혹시……'

이것이 어쩌면 노인이 말한 '쓰레기 하나를 줍는 일은 소중한 것 하나를 줍는 일'일지도 모른다. 청소를 했기 때문에 매출이 오른 것일까? 무언가가 어렴풋이 보이는 것 같았다.

"청소를 하면
돈이 들어옵니까?"

모든 것은 하나부터 시작한다.

그런 의미에서

'0과 1의 차이'는 1이 아니라,

사실 어마어마하게 크다.

'0과 1의 차이'는

백, 천, 만, 억과 맞먹는.

매일 청소 습관이
인생을 바꾼다

9

점심시간에 사장인 다나카 오사무가 게이스케에게 같이 나가
자고 했다. 뭔가 할 말이 있는 듯한 눈치였다.

식당에서 카레라이스를 먹으면서 게이스케가 말했다.

"사장님……. 요즘 저희가 청소하니까 좋으시죠?"

"응, 고마워. 청소를 아주 잘해 주고 있더군. 직원이 모두 함
께 청소할 줄은 몰랐는데. 너무 깨끗해서 무서울 정도야."

"그런데 오늘 무슨 하실 말씀이 있으신가요?"

사장님은 쓴웃음을 지으며 차가운 물을 꿀꺽 들이켰다.

"실은 말이야, 요새 두 달 동안 신기한 현상이 일어났어."

"네? 공사 클레임이라도 들어왔어요?"

"아니, 아니. 그런 게 아니라, 일단 복사 용지를 사용하는 양
이 뚝 줄었어. 총무과 유코 씨가 매달 복사 용지를 고정적으로
한 박스씩 주문했는데, 그게 갑자기 반 이하로 줄었다고 하더
라고."

"아! 우연이 아닐까요?"

"근데, 그뿐만이 아니야. 매달 구입하는 쓰레기봉투도 100장에서 30장으로, 무려 3분의 1로 줄었다던데."

그것은 게이스케도 매일 청소하면서 느끼던 바였다. 청소를 하기 전과 비교하면 '회사에서 나오는 쓰레기의 양'이 확실히 줄었다.

사장이 말했다.

"게이스케, 이건 틀림없어. 자네가 청소를 시작한 것과 분명히 관계있어."

"......"

"청소는 다 같이 하지만, 하는 방법은 각자 달라. 창문을 열심히 닦는 사람, 구석을 꼼꼼히 쓰는 사람, 같은 곳을 여러 번 치우는 사람. 하지만 모두 나름대로 어떻게 하면 빨리 끝낼지 생각하면서 청소하지. 시간을 낭비하고 싶어 하는 사람은 없으니까. 그렇게 청소하면서부터 모두가 조금씩 변한 것 같네. 다 같이 모여서 회의라도 해 보기 전에는 알 수 없겠지만 말이네."

"어떤 부분이 변했는데요?"

"잘은 모르겠지만, '쓰레기가 줄어들었다는 사실' 하나는 확실해. 어쩌면 모두가 청소를 시작하면서부터 쓰레기 자체를 만들지 않으려는 노력을 하게 된 것 같아. 쓰레기를 만들면 결국 나중에 자신이 청소해야 한다는 사실을 깨달았기 때문이겠지. 그러니까 처음부터 쓰레기를 만들지 않는 거야. 예를 들어 찢어진 봉투 쪼가리, 스테이플러 심처럼 자잘한 쓰레기는 지금까지 바닥에 그대로 방치해 두었잖아. 그런데 나중에 청소하기가 귀찮다는 사실을 알고는 쓰레기통에 제대로 넣게 된 거지. 복사 용지도 마찬가지야. 용지를 쓸데없이 버리지 않으려고, 복사 오류가 나지 않도록 무의식중에 신경 쓰는 것이 아닐까?"

"그럴지도 모르겠군요."

처음에는 '그저 청소를 도와주는 것'이었지만, 이제는 무언가가 변하기 시작했다.

다음 날 아침, 게이스케는 노인을 만나기 위해 30분 일찍 집을 나섰다.

계절상으로는 겨울에 접어들었지만, 요즘 날씨는 봄날처럼 따뜻하다.

아침부터 눈부실 만큼 청명한 하늘이 펼쳐져 있었다.

웬일인지 노인은 좀처럼 나타나지 않았다.

기다리는 동안 발아래에 버려진 빈 캔이 눈에 띄었다. 게이스케는 자연스럽게 빈 캔을 주웠다. 이제는 얼굴이 빨개지지 않았다. 마침 가방 안에 있던 비닐봉지를 꺼내 쓰레기를 하나, 둘 주우면서 걷기 시작했다.

그때 뒤에서 노인의 목소리가 들려왔다.

"어이, 젊은이. 내 일을 뺏으면 곤란한데, 하하하."

뒤돌아보니 노인이 미소를 짓고 있었다.

"오랜만에 뵙네요."

"응, 오랜만이야. 잘 지냈어?"

"네."

게이스케는 최근 두 달 동안 느낀 점을 노인에게 이야기했다.

노인은 전과 다른 반응을 보였다.

"흠, 벤치에 앉게나."

노인은 천천히 이야기를 시작했다.

"좋아, 젊은이. 원래는 이런 걸 가르쳐 주는 게 아닌데. 쓰레기를 주워 본 사람만이 알 수 있는 거라서 말일세. 쓰레기를 주워 본 사람만이 상을 받을 수 있다고나 할까. 하지만 뭐, 말해도 괜찮겠지. 이제 자네와는 만날 수 없을지도 모르니까."

"네? 만날 수 없다고요?"

"그렇다네, 잘 듣게. 자네는 정답에 거의 가까이 왔어."

"네."

"나는 예전에 호텔 레스토랑에서 웨이터로 일했다네."

노인은 먼 하늘을 바라보며 이야기를 시작했다.

"어느 더운 여름날이었지. 어떤 신사분이 땀을 닦으면서 레스토랑에 들어왔어. 그 모습을 본 나는 주저 없이 에어컨 바람이 잘 부는 자리로 신사분을 안내했지. 무척 좋아하시더라고. 팁까지 주더라니까. 그것도 꽤 많은 액수를."

"네."

게이스케는 자기도 모르는 사이에 노인의 이야기에 푹 빠져들었다.

"그로부터 며칠 후에 또 그 신사분이 왔어. 나는 며칠 전 일이 생각나서 망설임 없이 에어컨 앞자리로 신사분을 안내했지. 그러자 신사분이 '멍청한 놈!' 하고 화를 내더라고. 왜지 알아?"

"……."

"그날도 분명 더운 날이긴 했지만, 신사분은 땀을 한 방울도 흘리지 않았던 거야. 호텔 현관까지 승용차를 타고 왔기 때문이지. 그렇게 나를 꾸짖은 신사분은 젊은 나에게 이렇게 가르쳐 주었어. '일은 눈치'라고. '눈치를 잘 채기 위해서는 청소를 하라'고. 그래서 나는 청소를 시작했다네. 일찍 출근해서 개점 시간까지 레스토랑을 구석구석 청소했지."

"아, 네."

"그러던 중에 뭔가 깨달았어. 지금까지 보이지 않았던 것이 보이기 시작하더군. 자네처럼 합리적인 사람이 이해하기 쉽도록 말해 봄세. 청소는 더러운 곳을 깨끗하게 만드는 일이잖아. 그러니까 일단 더러운 곳을 찾는 습관이 붙게 된 거야. 웨이터 일을 하면서도 하루 종일 바닥에 쓰레기가 떨어져 있지나 않은지 신경 쓰게 되었지. 그 덕분에 손님들의 분실물을 여러 번 찾아 주기도 했어. 손님이 레스토랑에서 나가려는 순간 분실물을 전해 주면 손님은 무척 고마워했지. 그리고 당연히 아까 그 신사분에게 했던 실수도 안 하게 되었어. 손님이 무엇을 원하고 바라는지 말하기 전에, 내가 먼저 손님의 기분을 '생각하고 눈치채는' 습관이 몸에 붙었거든. 물론 그렇게 되기까지 몇 년이나 걸렸지만……."

게이스케는 노인이 젊었을 때 '호텔 직원'이었다는 사실을 처음 알았다. 노인의 말은 진실성이 느껴졌다. 노인이 무슨 말을 하려는 건지 게이스케는 마음속 깊이 이해할 수 있을 듯했다.

'청소를 하면 매출이 오를까?' 물론 매출이 곧바로 오르지는 않는다.

하지만 일단 청소를 하면 더러운 곳을 재빨리 눈치 챌 수 있다. 그 '눈치'는 일상 업무에까지 확장된다. 그러면 고객이 자신의 팬이 된다. 그래서 일이 늘어난다. 이것이 회사 전체로 퍼지면 회사의 매출이 올라간다.

마치 '나비 효과'와 같다.

노인은 시계를 슬쩍 보고는 게이스케의 뒤쪽으로 시선을 옮겼다. 그곳에는 어느 틈엔가 회색 정장을 입은 키 큰 남자가 서 있었다. 그 남자가 말했다.

"회장님, 시간이 다 됐습니다. 조금 서두르셔야 합니다."

"음, 알았네. 쓸데없는 얘기를 너무 오래 했군."

노인은 멍하니 앉아 있는 게이스케를 힐끔 바라보고는 "잘 있게나." 하고 한마디 남기고는, 그 남자와 함께 큰길을 향해 걸어갔다.

노인은 10미터쯤 갔을 때 문득 생각났다는 듯이 뒤돌아보았다.

"아차, 한 가지 못한 말이 있군. 충고 하나 하지. 사실 아까와 같은 이유로 청소를 하면 매출이 오르는 건 맞네만, 문제는 거기에 있어. '매출이 오르기 때문에 쓰레기를 줍는다거나, 돈이 들어오기 때문에 청소를 한다'라고 생각하는 순간 매출은 오르지 않더라고. 이게 또 신기해. 왜 그런지는 나도 아직 모르겠어. 하하하."

그 말을 남기고 노인은 멀어져 갔다. 게이스케는 어안이 벙벙해졌다가 곧 정신을 차리고 황급히 두 사람을 쫓아갔다.

나무 뒤에 주차되어 있던 '검은색 벤츠'의 뒷좌석에 회장이라고 불리는 노인의 모습이 보였다. 자동차는 곧 출발하고 빌딩 숲 사이로 사라져 갔다.

10

출근해 보니 사무실에 손님이 몇 명 와 있었다.

사장과 쇼헤이가 소파에서 손님들과 대화하는 중이었다. 게이스케가 들어오는 모습을 본 사장은 크게 손짓하며 게이스케를 불렀다.

"이봐, 게이스케! 손님 오셨어. 잠깐 와 봐."

게이스케가 얼른 뛰어갔더니, 세 명의 손님 가운데 한 젊은 여성이 일어나 뒤돌아보고 인사했다.

"안녕하세요. 저는 와카바 유치원의 교사인 후지사와 준코라고 합니다. 이분은 제 아버지세요."

"처음 뵙겠습니다. 와카바 유치원의 원장인 후지사와 이치로라고 합니다. 딸한테서 말씀 많이 들었습니다."

'응? 나에 관해 무슨 말을 들었다는 거지?'

게이스케는 의아했다.

인사하며 한 사람씩 명함을 주고받았다. 마지막으로 명함을 주고받은 초로의 남성은 이 상점가의 '상인회 회장'이었다. 상점가 축제 때 다나카 에너지에서도 전 직원이 참가하기 때문에 상인회 회장의 얼굴은 익히 알고 있었다.

"여러모로 늘 신세가 많습니다. 그런데 오늘은 세 분이 어쩐 일로 이렇게 오셨습니까?

게이스케가 물었다.

"방금 막 얘기하던 중이야. 전체 상점가 차원의 '청소 행사'를 제안하러 오셨어."

사장이 끼어들어서 설명했다.

그리고 귀여운 판다가 그려진 넓은 앞치마를 두른 준코가 커다란 눈동자로 게이스케를 빤히 바라보면서 설명을 이어 갔다.

"다나카 에너지에서 올해 여름부터 상점가 청소를 해 주고 계시잖아요. 저는 정말 감탄했어요. 그런데 원생들을 맞이하고 보내는 일이 너무 바쁘다 보니, 저희는 도저히 시간을 낼 수 없는 실정이에요. 물론 핑계처럼 들리시겠지만요. 다나카 에너지에서 청소해 주시는 구역이 점점 넓어지는 것 같아서 저희도 어떻게든 도와드리고 싶었어요. 그래서 아버지께 말씀드렸더니 아버지가 상인회 회장님께 얘기를 하셔서……."

상인회 회장이 고개를 슬며시 끄덕이며 말을 받았다.

"그 내용을 상점가의 점장님들께 말씀드렸더니, 상점가 전체적으로 청소를 해 보는 것이 어떻겠냐는 의견이 나왔습니다. 전에 텔레비전에서 봤는데, '상점가 활성화'는 청소로부터 시작된다고 하더군요. 쓰레기 하나 떨어져 있지 않은 깔끔한 상점가는 손님이 찾아오는 첫 번째 조건이죠. 다나카 에너지가 청소 총감독을 맡아 주셨으면 해서, 이렇게 부탁드리러 왔습니다."

사장은 우쭐해진 듯 밝게 웃으며 대답했다.

"그거라면 여기 게이스케에게 맡겨 주십시오! 이 사람이 청소를 처음으로 시작한 직원이거든요."

"알고 있어요!"

준코가 느닷없이 큰 소리로 끼어드는 바람에, 그 자리에 있던 모든 사람이 놀라서 준코의 얼굴을 바라보았다.

"게이스케 씨를 본 적 있거든요. 올해 봄이었던가? 게이스케 씨가 우리 유치원 앞에서 빈 캔을 주우셨어요. 아주 자연스럽게요. 그것을 술집 앞의 쓰레기통에 버리시는 걸 제가 봤어요."

그 순간, 게이스케는 쥐구멍에라도 들어가고 싶은 심정이었다. 하필 생전 처음으로 빈 캔을 주운 모습을 들킨 것이다.

'이런……. 그건 처음으로 한번 주워 본 쓰레기인데…….'

"아주 감탄했어요. 분명 평소에도 쓰레기 줍는 습관이 있으신 거죠? 역이나 공원 같은 데서도 쓰레기를 자연스럽게 주우실 분이라고 생각했어요. 그런 사람은 정말 존경할 만해요. 멋

있으세요."

준코의 아버지가 거들었다.

"준코는 틈만 나면 그 얘기를 했습니다. 사실 우리도 시작한 지 얼마 되지 않아서 그다지 내세울 만한 일은 아니지만, 우리 원생들에게도 유치원 안을 청소하도록 시키고 있습니다. 그래서 학부모님들의 호평을 받고 있지요. 이게 모두 게이스케 씨 덕분입니다."

"그건 오해세요. 그때는……."

게이스케가 변명하려 했지만, 준코가 말을 가로막았다.

"맞아요! 정말 모두 게이스케 씨 덕분이에요!"

준코는 반짝반짝 빛나는 눈동자로 게이스케를 바라보았다.

결국 다음 상인회 회의에서 '상점가 클린업 작전'이라는 계획을 논의하기로 했다.

세 사람은 "자세한 사항은 회의 때 얘기합시다."라고 말하고는 돌아갔다.

게이스케는 자신이 시작한 청소가 전체 상점가로 퍼지게 되자 적잖이 당황스러웠다. 자신은 그저 '청소를 하면 매출이 오를지, 청소를 하면 돈이 들어올지' 궁금해서 실험했을 뿐이었다.

요컨대 '동기가 불순'했다. '사회봉사'를 할 생각은 눈곱만큼도 없었다.

이런저런 생각에 빠져 있을 때 쇼헤이가 다가와서 속삭였다.

"팀장님. 아까 그 유치원 선생님, 분~명히 팀장님을 좋아하고 있어요. 좋겠다. 엄청 예쁘던데……. 부러워라."

게이스케는 또 얼굴이 빨개졌다.

"무슨 말도 안 되는 소리! 그럴 리가 없어!"

게이스케는 강하게 손사래를 쳤다.

며칠 후 후지사와 원장이 다시 사장을 찾아왔다.

원장은 원생들의 안전을 위해 올겨울에 바닥 난방을 설치하고 싶다고 했다. 그래서 유치원의 겨울방학 기간을 이용해서 공사를 서둘러 끝내기로 했다. 그 외에 오래되어 낡은 상하수도도 전부 수리하기로 했다. 그것만으로도 '꽤 큰 매출'이 생겼다.

결과적으로 다나카 에너지의 전 직원이 지금까지 가장 큰 액수의 '보너스'를 받게 되었다. 청소를 시작한 지 아홉 달이 지나자 매출이 오르고, 돈이 들어온 것이다.

그리고 게이스케와 준코는 '업무 상담'을 하느라 거의 매일같이 만났다.

그러던 중 크리스마스 이브 저녁, 게이스케와 준코는 처음으로 저녁을 같이 먹었다.

새해 초 어느 날, 점심시간에 쇼헤이가 게이스케에게 말을 걸었다.

"팀장님, 알고 계셨어요? 공원 근처에서 한창 공사 중이었잖아요. 그곳에 건축되는 건물이 호텔이래요. 올 여름에 오픈한다고 하던데요."

"어, 그래?"

게이스케가 공원에서 노인을 만난 계기도 바로 그 '건축 공사'였다. 공사 현장을 우회해서 가는 도중에 조금이나마 길을 단축하기 위해 공원을 가로지르다가 노인을 만난 것이다.

그렇게 생각하니 그 '건축 공사'도 뭔가 인연이 있는 것처럼 느껴졌다.

"팀장님, 그래서 말인데, 오늘 신문에 그 호텔에 관한 기사가 실렸어요. 자, 여기요."

쇼헤이가 내민 신문 기사를 본 게이스케는 자기도 모르게 침을 꿀꺽 삼켰다. 그 노인의 사진이 크게 실려 있었던 것이다.

게다가 그 호텔은 이름만 들으면 누구나 알 만한 유명한 호텔 체인이었다. 노인의 사진 아래 소개된 프로필에는 창업자이자 회장이라는 설명이 달려 있었다.

"왜 그러세요, 팀장님? 네? 팀장님!"

게이스케의 머릿속에서는 그 노인의 말, 아니 그 '회장님의 말씀'이 끊임없이 맴돌았다.

"쓰레기를 주워 본 사람만이 알 수 있는 거라네."

두 번째 이야기

"청소를 하면 꿈이 이루어집니까?"

I

노인은 고층 호텔 27층 창문으로 거리를 내려다보았다.

빌딩과 주택이 오밀조밀 짜인 시가지가 복잡하게 펼쳐져 있었다.

사흘 동안 추적추적 내리던 장맛비가 그치고, 오랜만에 아침 햇살이 구름 사이로 살짝 모습을 드러냈다.

시가지 가운데로는 작은 하천이 유유히 흐르고 있었다. 하천을 따라 약 300미터 길이로 조성된 상점가에 노인의 시선이 쏠렸다.

노인의 이름은 가토리 겐고다.

재계에서는 '입지전적인 인물'로 모르는 사람이 없을 정도로 유명하다. 한 호텔 체인의 창업 회장으로 국내뿐 아니라 해외에도 많은 호텔을 거느리고 있다.

노인의 손에 한 통의 편지가 들려 있었다. 뒷면에 쓰인 이름은 야마무라 게이스케였다.

가토리 겐고는 편지를 다 읽고 나서 "후……." 하고 한숨을 내뱉었다. 그리고 다시 한 번, 발 아래에 펼쳐진 상점가로 눈길을 돌렸다. 노란 점들이 깨알같이 움직이고 있었다.

가토리 겐고는 그것이 노란 재킷을 입은 '청소 활동 봉사단'임을 알아챘다. '클린업 작전'이라는 상점가 청소 행사에 대해서 이미 들어 알고 있었기 때문이다.

가토리 겐고는 그 거리에서 만난 한 청년을 떠올리고 빙긋 웃었다.

청년의 사나우면서도 진지한 표정은 자신의 20대 때와 많이 닮아 있었다. 청년을 생각하자 젊은 시절이 새록새록 떠올랐다.

2

　도쿄 올림픽을 1년 앞둔 한여름이었다.

　도쿄에서는 한창 건설 붐이 일어나 경기장, 호텔, 도로가 여기저기 세워지고 있었다. 내년 이맘때쯤 도쿄는 문자 그대로 '올림픽 세상'이 될 것이다.

　가토리는 한 전통 있는 호텔 레스토랑에서 웨이터로 일하고 있었다.

　고등학교를 졸업하자마자 들어간 호텔에서 몇 년 동안 일했지만, 특별히 '호텔 일을 해 보고 싶다'는 포부가 있었던 것은 아니었다. 선생님 소개로 입사한 게 마침 호텔이었을 뿐이었다.

　하지만 '그날의 사건'을 계기로 가토리의 인생은 큰 변화를 맞게 되었다.

　무더운 여름날이었다.

　레스토랑에서는 아이스크림이 날개 돋친 듯 팔려 나갔다. 대부분의 손님이 부채를 부치거나 손수건으로 땀을 닦았다.

한 신사가 땀을 훔치면서 들어왔다. 땀을 얼마나 많이 흘렸는지, '비 오듯 쏟아질' 정도였다.

가토리는 신사를 주저없이 에어컨 바람이 잘 드는 자리로 안내했다.

"손님, 여기가 제일 시원한 자리입니다."

"아, 고맙네, 고마워. 이제야 살겠군."

신사의 표정이 활짝 펴졌다.

30분 정도 지나고, 신사는 레스토랑을 나서기 전에 가토리를 잠깐 불렀다.

"이거, 내 조그만 성의니까 받아 주게."

팁이었다. 워낙 뜻밖이어서 가토리의 기쁨이 더 컸다.

며칠 후, 신사가 다시 레스토랑을 찾아왔다.

며칠 전과 달리 유심히 보니 신사는 고급스러워 보이는 외제 양복을 입고 있었다. 구두도 번쩍번쩍 광이 났고, 콧수염도 기르고 있었다. 왠지 모를 관록이 풍겼다. 커다란 회사의 사장이나 임원쯤 되나 보다 짐작이 갔다.

가토리는 지난번에 팁을 받았던 일이 새삼 떠올라서, 신사를 에어컨 앞자리로 안내했다. 그리고 돌아서려는데, 등 뒤에서 불호령이 떨어졌다.

"멍청한 놈!"

가토리는 깜짝 놀라 멈춰 섰다. 조심스레 뒤돌아봤더니, 신사가 눈을 부라리며 험악한 표정으로 노려보고 있었다.

"……."

'왜 그러지? 내가 뭘 잘못했나?'

가토리는 전혀 짚이는 구석이 없었다. 그래서 쭈뼛쭈뼛 어색하게 서 있었다.

신사는 험악한 표정을 서서히 풀면서 입을 열었다.

"뭘 잘못했는지 모르는 모양이군."

"……네."

"그럼 가르쳐 주지. 내 얼굴을 잘 봐."

가토리는 신사의 얼굴을 뚫어져라 바라봤지만, 뭐가 문제인지 알 수 없었다.

"죄송합니다. 제가 손님 얼굴에 뭘 묻혔나요?"

그 순간 '아차' 싶었다.

지난번에는 신사가 땀을 비 오듯 흘리면서 레스토랑에 들어왔다. 하지만 오늘은 달랐다. 날씨는 지난번과 마찬가지로 찌는 듯이 무더웠지만, 신사는 땀 한 방울 흘리지 않았고 오히려 시원해 보였다.

"이제야 알아차린 모양이군. 오늘은 현관까지 승용차를 타고 왔다네. 그러니까 땀을 흘리지 않았지. 자네는 이전에 내가 준 팁에 눈이 멀어 버렸나? 오늘도 에어컨 앞으로 안내해 주면 또 팁을 받을 거라고 생각했나?"

"아니요, 절대 그렇지 않습니다. 저번에 팁을 받아서 매우 기뻤던 건 사실이지만, 오늘도 똑같이 해 드려서 팁을 받으려는 생각은 전혀 없었습니다. 단지, 눈치를 못 챘습니다. 선입견 때문에, 이전에 손님이 좋아하시던 모습만 떠올라서 또 그렇게 해 드리고 싶었을 뿐입니다. 그런데 결국 부끄러운 일을 저지르고 말았습니다. 죄송합니다."

"그래. 아주 솔직해서 좋구먼."

신사는 가토리의 어떤 점이 마음에 들었는지 앞에 앉혔다. 그리고 함께 식사를 했다. 신사는 후식으로 나온 커피를 마시면서 한마디 했다.

"일은 눈치야."

그 '눈치'를 채기 위해서는 '청소'를 해야 한다는 것이었다.

"청소에는 눈치 챈다는 의미가 있어. 그리고 그것은 청소를 해 본 사람만이 알아. 청소를 하면 보이지 않던 게 보이거든. 속는 셈 치고 청소를 한번 해 보게. 청소는 '눈치'를 배울 수 있는 가장 쉽고 가장 값싼 훈련법이야."

짧은 이야기였지만 신사의 말에서 '뜨거운 혼'이 느껴졌다.

가토리에게 이런 경험은 처음이었다. 가토리는 신중한 성격이어서 남을 화나게 만드는 법이 거의 없었다. 그것은 장점이기도 하지만 단점이기도 했다. 둥글둥글한 성격 탓에 가토리의 주변에는 진솔한 충고를 해 주는 사람이 별로 없었다.

그래서 신사의 말이 가토리의 마음에 더 절실히 와 닿았다.

가토리는 그날 일을 마친 후, 누가 시키지도 않았는데 '창고 청소'를 하고 퇴근했다.

다음 날 아침에는 한 시간 일찍 출근해서 레스토랑 입구에 깔린 매트를 털었다. 시간이 남자 유리창도 닦았다.

그때 마침 출근한 지배인이 가토리를 보고 웃으며 말했다.

"아니, 오늘 해가 서쪽에서 떴나?"

"오늘 감기 때문에 열이 올라서 머리가 조금 어떻게 됐나 봐요."

가토리는 농담처럼 대답했다.

"그래?"

지배인은 다시 웃었다.

가토리는 청소를 하지 않을 때에도 바닥에 쓰레기가 떨어지지 않았는지 살펴보게 되었다.

'쓰레기'가 아니라 '먼지' 하나가 떨어져 있어도 신경이 쓰였다. 실밥이나 머리카락 같은 조그만 먼지도 눈에 띄었고, 망설임 없이 허리를 굽혀서 줍게 되었다.

그 신사는 '일은 눈치다. 그 눈치를 채기 위해서는 청소를 해야 한다'라고 말했다. 그런데 그 '눈치'가 단 며칠 만에 가토리의 눈앞에 나타났다.

어느 날 식사가 끝난 테이블을 치우러 갔을 때였다. 가토리는 발아래 만년필이 떨어져 있는 것을 알아차렸다. 만년필이 떨어진 곳은 테이블의 그림자로 가려 있어서 어두웠지만, 가토리는 청소를 하면서 높아진 주의력 덕분에 쉽게 발견할 수 있었다.

방금 식사를 마친 손님의 것일지도 모른다는 생각에 가토리는 얼른 계산대 쪽을 바라봤다. 하지만 남색 양복을 입고 서류 봉투를 손에 든 손님의 모습은 보이지 않았다. 가토리는 얼른 큰길로 뛰어나가서 좌우를 살폈다. 그 사람은 이제 막 택시에 타려던 참이었다.

"잠깐만요!"

가토리는 스스로도 놀랄 만큼 큰 소리로 외쳤다.

인도를 걷던 모든 사람이 가토리를 돌아보았다. 물론 만년필을 잃어버린 남자도 가토리를 의아한 눈빛으로 쳐다보았다.

만년필을 전해 주자, 남자는 지나치다 싶을 만큼 고개를 조아리며 가토리에게 고마워했다. 택시를 그냥 보낸 채, 연신 '고맙다'는 인사를 건넸다.

그로부터 이틀이 지났다. 가토리는 사장 앞으로 온 한 통의 편지를 지배인에게서 받았다. 만년필을 찾은 남자로부터 온 '감사의 편지'였다.

"자네 대단하구먼. 사장님이 나한테도 읽어 보라고 하시더라고."

지배인이 말했다.

편지 여기저기에서 감사의 마음이 넘쳐났다. 만년필은 아버지의 유품이라고 했다. 아버지가 전쟁터로 나가기 전, 어린 아들에게 남긴 선물이었다. 안타깝게도 남자의 아버지는 전쟁터에서 돌아오지 못했고 남자는 만년필을 아버지인 양 늘 품에 지니고 다녔다는 것이다.

가토리는 생각했다. 이전의 자신이라면 만년필을 절대 발견할 수 없었을 것이다. 이것은 분명 '청소 덕분'이다. 하나의 자신감이 또 다른 커다란 자신감으로 연결되었다.

"요즘 자네가 일 처리하는 것 보면 사람이 변한 것 같아. 여자 친구라도 생긴 거야? 여자 친구가 생겼으면 나한테 소개해 줘야지."

지배인은 이렇게 말하며 가토리의 어깨를 툭 쳤다.

마침내 "가토리 씨 테이블로 예약해 주십시오." 하며 가토리를 지명하는 손님도 생겨났다.

고작 '청소'만 했을 뿐인데……. 아니 바로 그 '청소'를 했기 때문에 일이 잘 풀리기 시작한 것이다.

청소는 '눈치'를 배울 수 있는

가장 쉽고 가장 값싼

훈련법이다.

3

'도쿄 올림픽' 개회식까지 딱 1년이 남았다.

가토리가 점심을 먹고 돌아오자, 동료 웨이터가 가토리를 불러 세웠다.

"지배인님이 너 좀 잠깐 보자던데. 방에서 기다리고 계셔."

'뭐지? 월급날은 얼마 전에 지났는데. 또 어떤 손님이 감사의 편지라도 보낸 걸까?'

가토리는 두근거리는 마음을 애써 억누르며 지배인의 방문을 두드렸다.

지배인은 의자에 앉아서 복잡한 표정을 짓다가 가토리의 얼굴을 보자마자 서둘러 입을 열었다.

"오늘, 자네한테 어려운 말을 해야 할 것 같네. 나는 빙 돌려서 얘기하는 사람이 아니니까 단도직입적으로 말하지. 우리 호텔을 그만두었으면 좋겠네."

"네?"

"자네가 열심히 일하고 있다는 건 자타가 공인하는 일이니까, 그렇게 놀라는 것도 무리는 아니지. 잔인한 이야기지만, 그래도 그만둬 주어야겠네."

말 그대로 청천벽력이었다.

'대체 왜 내가? 요즘 들어 더 열심히 일하고 있고, 손님들한테 평판도 좋은데……. 그건 지배인님도 알고 계시잖아. 그런데, 왜? 왜?'

지배인은 위로하듯이 설명했다.

"요즘 자네 덕분에 레스토랑이 잘 돌아가는 건 사실이야. 하지만 윗선에서 지시가 내려왔어. 우리 호텔도 외국인 손님을 맞이할 준비를 해야 하거든. 올림픽을 계기로 '외국인 맞춤형 서비스'를 제공하라는 것이 윗선의 방침이야. 그래서 오래전부터 영어에 능숙한 스태프를 고용할 계획이었고, 이미 얘기가 다 끝났어. 그 대신 자네가 밀려나게 된 거야. 나도 이런 말 하기가 참 괴로워."

이게 갑자기 무슨 말인가? 사실 가토리는 영어를 전혀 못 했다. 하지만 호텔 동료들은 영어로 손님 접대를 할 수 있을 정도는 되었다.

'정말 내가? 도대체 왜……?'

가토리는 머릿속이 새하얘져서 대답할 말도 떠오르지 않았다.

"이렇게 갑자기 얘기해서 유감이지만, 가능하면 이번 달 안에, 그러니까 내일까지 퇴사했으면 좋겠네. 일한 기간은 짧았지만, 수고했어."

지배인의 마지막 말이 가토리의 가슴을 후벼 팠다.

다음 날 가토리는 짐을 챙겨 퇴사했다.

짐이라고 해 봤자, 사물함에 넣어 두었던 셔츠뿐이었다. 가토리는 셔츠를 종이 가방에 쑤셔 넣고, 돌아다니며 동료들에게 인사했다. 동료들은 모두 동정의 눈빛을 보냈다. 지배인에게도 인사하려고 했지만, 그날 지배인은 외근이었다. 분명 뭔가 거북해서 가토리를 피하려는 속셈일 것이다.

이제 내일부터 어떻게 살아가야 할까?

바로 어제 느닷없이 일어난 일이다. 너무 갑작스러워서 새로운 일자리를 찾으려는 의욕도 생기지 않았다. 호텔 뒷문을 빠져나온 가토리는 터벅터벅 걸어서 횡단보도를 건넜다.

'끼이익!'

날카로운 브레이크 소리가 울렸다.

"이봐! 뭘 그리 멍청하게 서 있어!"

운전사가 자동차 창문을 내리고 소리쳤다.

"죄, 죄송합니다."

가토리는 망연자실해서 자동차가 오는 것을 알아차리지 못했다.

"……."

뒷좌석 문이 열리더니 콧수염을 기른 신사가 내렸다.

"어허, 자네는 그 레스토랑의 웨이터 아닌가?"

가토리가 신사의 얼굴을 쳐다봤다.

그 신사는 '일은 눈치다. 그 눈치를 채기 위해서는 청소를 해야 한다'라고 가르쳐 준 사람이었다.

"아……."

"어떻게 된 건가? 지금 자네 레스토랑으로 가려던 참인데, 자네 오늘 쉬는 날인가?"

가토리는 괜히 눈물이 났다. 신사 앞에서 아무 말도 못 하고 울먹였다.

"이런 곳에 차를 세워 둘 수도 없으니, 일단 차에 타게."

가토리는 신사에게 이끌려서 검은색 승용차에 올라탔다. 운전사는 의아한 표정을 지으며 액셀을 밟았다.

가토리는 차 안에서 대략적인 사정을 이야기했다.

바로 오늘 호텔에서 잘렸다는 사실부터 청소를 한 덕분에 모처럼 보람을 느끼며 일하고 있던 참인데, 하는 푸념까지.

신사는 가토리 옆에서 묵묵히 이야기를 들어 주었다.

가토리의 눈물이 다 말랐을 즈음 신사가 웃으며 말했다.

"알았네. 자네만 괜찮다면 날 따라오게."

"……."

"나쁜 짓 하려는 거 아니니까 걱정 마."

자동차는 낡아 빠진 3층짜리 벽돌 건물 앞에 섰다. 가토리는 신사를 따라 차에서 내렸다.

건물 입구에는 '경제 클럽 빌딩'이라고 쓰인 커다란 간판이 걸려 있었다.

"내 건물이야."

신사는 그렇게 말하며 지하로 내려갔다. 가토리는 황급히 신사를 따라갔다. 곧 사무실이 나왔다.

"소장님, 그 일에 딱 맞는 인재를 데려왔어요."

신사는 사무실에 앉아 있는 50대 초반의 여자에게 말했다.

"사장님이 말한 그 사람인가요?"

"네, 맞아요, 맞아. 신체 건강하고, 특히 청소를 아주 좋아하지요."

"그럼 잘됐네요."

"그렇죠?"

두 사람은 크게 웃었다. 가토리는 아무런 사정도 모른 채 우두커니 서 있었다.

"이분은 이 건물의 소장님이야. 모르는 게 있으면 무엇이든 물어 봐. 오늘부터 여기서 일할 수 있지? 오늘 해고된 사람을 아무 조건 없이 고용해 주었으니까 적어도 1년은 일해야 해. 알았지?"

"1년요? 아, 네, 네."

살다 보면 일이 잘 안 될 때도 있고, 잘 될 때도 있다. 가토리는 엘리베이터를 타고 밑바닥까지 내려갔다가 갑자기 옥상으로 치솟아 오르는 기분이었다.

"저는 사카가미 요코라고 해요. 당신 이름은 뭐예요?"

"아, 네. 저는 가토리 겐고입니다."

"마침 전임자가 그만두어서 곤란하던 참인데, 잘 오셨어요."

"열심히 하겠습니다."

"잘 부탁해요."

사카가미 요코는 악수를 청했다. 사카가미의 손힘이 어찌나 억센지 마치 남자와 악수하는 것 같았다. 흰머리가 희끗희끗 보이는 쇼트헤어는 염색한 기미가 전혀 없었다.

"내일부터 와 줄 수 있죠?"

"네."

"그럼 내일 아침 7시에 여기로 오세요."

"저, 하나 여쭤 봐도 되겠습니까?"

"뭔데?"

"뭐요?"

신사와 사카가미가 동시에 대답했다.

"저, 사장님 성함은 어떻게 되시나요?"

"어머, 사장님. 이름도 말씀 안 해 주고 데리고 오셨어요?"

"하하하하. 그러고 보니 이름도 얘기 안 했네."

가토리도 쓴웃음을 지을 수밖에 없었다.

신사는 "그럼 나중에 또 보세."라고 말하고는 방을 나갔다.

사장이 나간 후, 사카가미는 사장에 관해 이야기해 주었다.

사장의 이름은 다구치 소이치로였다. 전쟁 전에는 쌀이나 주식 매매로 일가를 이룬 인물이라고 했다. 지금은 시내에 건물을 여러 채 소유하고 부동산업을 하고 있었다. 앞에 잘 나서지는 않지만, 재계에서 손꼽히는 사람이라고 했다.

4

다음 날 아침.

가토리는 7시에 출근했다. 사무실에는 이미 사카가미가 와 있었다.

"사장님한테서 대충 들었겠지만, 오늘부터 이 건물 청소를 해 주셔야 해요."

"네? 여기서 하는 일이 청소입니까?"

"사장님도, 참. 자기 이름도 말씀 안 해 주시더니……. 무슨 일을 하는지도 말씀 안 해 주신 거예요? 요즘에는 청소 담당자가 오래 붙어 있질 않아서 저희도 힘들거든요. 뭐랄까, 요즘 젊은 사람들은 끈기가 부족해요."

"네……."

"가토리 씨, 청소를 아주 좋아한다고 했죠?"

"아뇨, 아주 좋아한다고는……."

사카가미는 약간 발끈했다.

"가토리 씨, 어제 사장님이 그렇게 얘기하셨는데 부인하지
않았잖아요?"

"네……."

"그러면 당장 옷 갈아입으세요. 건물 입주자들이 출근하기
전에 현관이랑 화장실 청소부터 끝내야 해요. 따라오세요."

사카가미는 청소 도구가 들어 있는 창고로 가토리를 안내
했다.

가토리는 '이제 각오하는 수밖에 없겠군.' 하는 심정이 되었
다.

가토리는 처음인 만큼 각별히 신경 써서 청소했다. 하지만
의외로 편안했다.

바닥을 대걸레로 닦고, 구석진 곳을 마른 손걸레로 먼지 하
나 남지 않도록 깔끔히 쓸어 냈다.

지하에서 3층까지 청소를 끝내고 나니 오전 11시 반이었다.

고작 이 정도의 일을 하고 월급을 받기는 미안했다. 그러고 보니 월급에 관한 이야기는 전혀 없었다. 설마 그냥 부려 먹으려는 생각은 아니겠지?

일단 사카가미 소장에게 일을 다 끝냈다고 보고하러 갔다.

"다 끝났습니다, 소장님."

"네? 벌써 끝났어요?"

"네."

"진짜 빠르네요. 그렇게 빨리 끝낼 리가 없는데……."

"겨우 3층짜리 건물이잖습니까."

"에이, 아니에요. 그것도 말씀 안 해 주셨구나. 사장님은 참 못 말린다니까……."

사카가미는 그렇게 말하고는 사무실을 성큼성큼 나갔고, 가토리는 그 뒤를 졸졸 쫓아갔다.

"이 문을 열면 별관으로 통하는 길이 나와요."

"별관이라고요?"

"별관 지하로 연결돼요. 잠깐 밖에 나가서 보세요."

가토리는 큰길로 나와서 별관을 보고는 깜짝 놀랐다. 작은 3

층짜리 벽돌 건물 뒤에 거대한 빌딩이 솟아 있었다. 12, 3층은 족히 되어 보였다. 니혼바시에 있는 시라키야 백화점의 반쯤 되는 크기였다.

"이제 알겠죠? 건물에 입주한 사무실 직원들이 자주 들락날락하니까 꽤 지저분해요. 잘해 보세요."

"이거 설마 저 혼자 합니까?"

"당연하죠. 하긴 올해 들어서만도 가토리 씨가 일곱 번째예요. 다들 끈기가 없어서 오래 하지 못하더라고요."

가토리에게 너무나도 분명한 생각이 떠올랐다.

'속았다!'

이제 완전히 녹초다.

꼼꼼하고 깨끗이 하는 것은 둘째였다. 대걸레로 한 번 문지르는 것만도 보통 일이 아니었다.

오후 6시. 잠깐 사무실로 돌아오자 사카가미 소장이 말했다.

"수고했어요. 먼저 퇴근할 테니까 사무실 열쇠는 경비실에 맡기세요. 내일 봐요."

"네."

가토리가 모든 청소를 끝낸 시간은 오후 11시 반이 넘어서였다. 중간에 점심을 먹기 위해 쉰 시간이 15분 정도. 저녁은 먹지도 못했다.

청소를 시작하고 나서 벌써 열여섯 시간 반이나 지났다.

흔들리는 막차를 타고 집으로 돌아가면서 가토리는 생각했다.

'아무래도 내일 그만둬야겠어…….'

올해 들어서만 전임자가 여섯 명이나 그만둔 것도 충분히 이해할 수 있었다. 월급을 얼마나 받을지 모르겠지만, 이보다 나은 직업은 이 세상에 얼마든지 있을 것 같았다.

다음 날 아침 가토리가 출근하고 보니 이미 사카가미 소장이 와 있었다.

"안녕하십니까?"

"어서 와요. 오늘도 수고해 주세요."

"아, 저……. 사장님을 좀 뵙고 싶은데요……."

사카가미 소장은 의아한 표정을 지었다.

"왜요?"

"아, 아뇨. 말씀드릴 게 좀 있어서요."

"사장님은 안 계세요. 오늘부터 해외 출장이세요. 유럽이랑
미국을 돌고 오실 거예요."

"네? 얼마나 걸리시는데요?"

"아마 두 달 정도."

"……!"

"사장님한테 무슨 볼일이라도 있으신가요?"

"아, 아닙니다. 아무것도."

어제 쌓인 피로가 채 가시기도 전에, 옷을 갈아입고 대걸레
를 손에 들었다. 그리고 쭈그려 앉아서 생각했다.

1년 동안 일하겠다고 어제 사장과 약속했다. 속았다는 느낌
이 들기는 하지만, 아무 조건 없이 고용해 준 은인을 배신하고
무단으로 그만두기도 껄끄러웠다.

두 달 동안 몸이 버텨 줄지는 모르겠지만, '일단 오늘 하루
만 잘 넘기자'는 정신으로 벌떡 일어났다. 그리고 청소를 시작
했다.

5

청소를 시작한 지 2주가 지났다.

사장이 외국에서 돌아오면 가토리는 '그만두겠습니다.' 하고 당당히 말할 작정이었다. 그날만을 손꼽아 기다리며 참기로 했다.

어제는 빌딩 청소를 시작하고 나서 처음으로 '비'가 왔다. 태풍의 영향으로 저녁 내내 비가 내렸다. 도쿄 올림픽이 개최되기 전이라 큰길은 포장이 되어 있었지만, 뒷골목에는 아스팔트 포장이 안 된 길도 종종 있었다. 그렇다 보니 비가 오면 여기저기 물웅덩이가 생겼다. 빌딩을 방문하는 손님도 당연히 진흙탕을 밟은 채 건물에 들어왔다.

건물 안은 순식간에 '진흙투성이'가 되었다. 아무리 닦아도 바닥을 어지럽히는 진흙이 사라지지 않았다.

현관 근처를 청소하고 있을 때, '진흙투성이 구두'를 신은 중년 남자가 건물에 들어오려고 했다. 도대체 어디를 걷다가 왔는지 구두가 온통 진흙으로 뒤덮여 있었다. 마치 일부러 진흙을 묻혀 온 게 아닐까 하는 생각마저 들었다.

가토리는 무심코 그 남자에게 말했다.

"죄송하지만, 현관 앞의 매트로 잘 닦고 들어오세요."

무표정했던 남자의 얼굴빛이 변했다.

"뭐라고! 내 구두가 더러우니까 깨끗하게 닦고 들어오라는 거야!"

"죄송합니다. 여기 있는 매트로……."

"이런 건방진 놈! 네가 뭔데 감히 그런 소리를 해!"

뜻밖의 불호령에 가토리는 움츠러들었다.

"아, 아뇨. 그냥 들어오십시오."

"내가 네 허락을 받고 들어가야 하나!"

"아닙니다. 그냥 들어오셔도 좋습니다. 죄송합니다."

이런 스타일의 인간은 상대하지 않는 편이 좋다. 호텔 레스토랑에서 일하면서 얻은 경험이다.

"그냥 들어가도 좋다면 왜 처음부터 그런 소리를 꺼내?"

"죄송합니다."

"잠깐 이리 와 봐."

왜 그러지? 그렇지 않아도 바쁜데…….

가토리는 시간 낭비라고 생각하고 아무런 반론도 하지 않기로 했다.

남자가 말했다.

"잘 들어. 청소는 네 일이야."

"네."

"너는 깨끗하게 청소해서 돈을 받지?"

"네."

"나처럼 더러운 놈이 있으니까 네가 청소를 할 수 있는 거야. 쓰레기를 버리는 사람이 있으니까 네가 쓰레기를 주울 수 있는 거야. 그렇지?"

"네……."

"백화점 같은 데서는 더러운 사람, 쓰레기 버리는 사람이 손님이야. 그 손님에게 '더럽히지 말라'니, 이게 무슨 경우야! 그건 백화점에서 물건을 사지 말라는 말이랑 마찬가지야. 그러면 너는 월급도 못 받아. 이봐! 잠자코 있지 말고 무슨 말이든 좀 해 봐!"

"네……. 맞는 말씀입니다."

"알아들었어? 그럼 얼른 가서 청소해!"

남자는 그렇게 말하고 진흙투성이 구두를 신은 채 건물 안으로 걸어 들어갔다.

가토리는 그저 한숨만 내쉬었다.

'오늘 안으로 건물 청소를 다 끝낼 수 있을까?'

벌써 수도 없이 대걸레를 빨았다. 양동이의 물을 갈기 위해 지하 사무실을 왔다 갔다 했다. 땀으로 뒤범벅된 가토리는 문득 생각했다.

'분명 그 남자의 말도 일리가 있어. 쓰레기를 주워서 돈을 받으니까, 나는 지저분한 사람 덕분에 일할 수 있는 거야. 그런 것이 바로 내 일이야.'

가토리는 처음으로 그런 생각이 들었다.

하지만 그 생각은 '막차 시간 전에 어떻게든 일을 끝내야겠다'는 생각으로 옮겨지면서 금세 머릿속에서 사라졌다.

한 달이 지났다.

매일같이 '그만둬야겠다'고 생각하면서도 '일단 오늘 하루만 잘 넘겨 보자'는 각오로 끈덕지게 일을 계속했다.

하지만 이대로는 몸이 배겨 내지 못할 것이다. 사장이 일본에 돌아오기 전까지는 어떻게든 몸 상하지 않고 버텨야 했다. 그래서 사장의 면전에 대고 "이 사기꾼아!" 하고 보란 듯이 외치고 싶었다.

장시간의 육체노동으로 파김치가 되는 나날이 계속되자, '뭔가 편해질 수 있는 방법이 없을까?' 하고 고민하게 되었다.

게으름을 피운다는 뜻은 아니었다. '가장 효율적으로 청소할 수 있는 방법'에 대해 고민하기 시작한 것이다.

바닥 곳곳에는 '껌'이 붙어 있었다. 발에 밟힌 껌은 좀처럼 뗄 수 없을 만큼 납작해진다. 당연히 대걸레로는 떼어 낼 수 없다. 그래서 가토리는 집에 있던 주머니칼까지 가지고 왔다. 하지만 주머니칼로도 도저히 떼어지지가 않았다.

그래서 떠오른 것이 철판 요리를 할 때 사용하는 작은 뒤집 개였다. 그 뒤집개를 구하려고 백화점에 가 보았지만 구할 수 없었다. 전에 일하던 레스토랑의 동료에게 물어봤더니, 그 뒤 집개는 아사쿠사에 있는 갓파하시 상점가에서나 판다는 것이 었다.

가토리는 겨우겨우 뒤집개를 구해 왔다.

뒤집개는 굉장히 효과적이었다. 이전에는 10분 동안 바닥에 꿇어앉아 겨우 껌 하나를 뗐지만, 이제는 보이는 족족 단숨에 뗄 수 있었다. 이것만으로도 일하는 시간이 무려 두 시간이나 단축되었다.

'난 지금까지 하루에 두 시간 동안이나 껌과 사투를 벌였군.'

그렇게 생각하자 정신이 아득해졌다.

하지만 머리를 굴리면 일을 빨리 끝낼 수 있다는 사실을 알 게 되자 의욕이 샘솟았다.

의욕이 생겨나자 힘든 청소가 왠지 즐겁게 느껴졌다. 겨우 조그만 도구 하나 바꿨을 뿐인데…….

이제 청소 일을 시작한 지 두 달째였다.

사카가미 소장이 가토리를 불렀다.

"나이트클럽의 크리스마스 티켓 안 살래요? 누가 나한테 팔아 달라고 떠넘겨서……."

벌써 크리스마스 시즌인가 싶어서 가토리는 내심 놀랐다. 다음 주에는 사장이 일본으로 돌아온다.

"나이트클럽 갈 시간이 없어요. 일 때문에."

"어머, 그래요? 그래도 요즘엔 일을 꽤 일찍 끝낸다던데. 경비 아저씨한테서 들었어요."

맞는 말이었다. 요즘에는 아침 7시에 시작해서 밤 8시면 일을 끝낸다.

가토리는 뒤집개 외에도 여러 가지로 머리를 굴렸다.

도구뿐만이 아니다. 청소 순서를 효율적으로 바꾸기도 했다.

조그만 신문사 여러 개가 입주해 있는 층이 있다. 오전 중에 그곳에는 거의 아무도 없다. 밤에 주로 일하는 업종이라 오후가 되기 전에는 아무도 출근하지 않는 것이다. 사람이 적으면 청소가 더 쉬워진다.

반대로 상사가 모여 있는 층은 사람들이 영업하러 나가는 낮 시간이 텅 빈다. 그 틈을 노려 청소를 끝내면 효율이 매우 높아진다.

　그날 오후였다.

　점심 식사를 마치고, 별관 빌딩의 가장자리에 있는 계단을 청소하고 있을 때였다. 그곳은 비상계단이어서 평소에 사람이 거의 다니지 않는다.

　대걸레로 층계를 닦으며 8층에서 7층으로 내려가고 있을 때, 난간에 기대어 담배를 피우던 여자가 가토리에게 말을 걸어왔다.

　"왜 이런 곳까지 청소하나요?"

　허리를 굽힌 채 층계를 닦던 가토리는 여성을 힐끔 쳐다보았다. 꽤 짙게 화장을 한 여자는 웃는 얼굴로 가토리를 바라보고 있었다. 긴자에 있는 클럽의 마담 같은 분위기였다. 얇고 세련된 보라색 원피스를 입고 있었다. 왜 클럽 마담 같은 여자가 이런 곳에 있는 것일까?

　"아, 네. 제 일이니까요."

　"그건 딱 보면 알아요."

　"네."

　"제 말은, 왜 아무도 안 다니는 곳까지 청소하느냐는 뜻이에요."

"아!"

"그냥 봐도 먼지 하나 떨어져 있지 않은걸요. 아, 죄송. 제가 담뱃재를 떨어뜨렸네요. 호호호."

마담 같은 여자는 높은 소리로 웃어 젖혔다.

"이런 곳까지 청소할 필요는 없잖아요?"

"그래도 해야죠."

"흐음……. 성실한 사람이네요. 혹시 우리 가게에서 일할 생각 없어요? 웨이터로 일해 봐요. 월급도 지금 이 일보다는 많을 거예요."

여자는 그렇게 말하며 대걸레를 빼앗으려 했다.

"농담하지 마세요."

"까칠하긴."

가토리는 여성을 무시하고 청소를 계속했다.

"……."

"바보 아니에요? 당신 좀 이상해요."

가토리는 생각했다.

'어쩌면 내가 정말 바보일지도 몰라.'

깨끗한 계단을 매일같이 청소하는 이유를 자신도 잘 몰랐다. 단지 처음부터 그렇게 습관이 들었을 뿐이었다.

가토리는 '겉과 속'이라는 말이 떠올랐다. '그놈은 겉과 속이 다른 놈이야'라고 말할 때 쓰는 표현이다.

청소만 두 달 동안 하다 보니 확실히 몸에 밴 것이 있었다. 그것은 '다른 사람이 보니까 일하고, 다른 사람이 보지 않으니까 일하지 않는다'라는 개념이 완전히 사라졌다는 점이었다.

호텔 레스토랑에서는 손님이 가토리의 행동을 지켜보았다. 동료와 지배인도 가토리를 주시했다. 가토리가 일하는 모습을 누군가가 보고 '평가'한 것이다.

하지만 여기에서는 아무도 보지 않는다.

그러고 보니 소장이 청소 상태를 체크하고 있는지 의문이다. 적어도 지금까지는 '저기가 아직 지저분한데' 하는 식의 지적을 한 번도 하지 않았다.

가토리는 누군가가 보고 있기 때문에 일을 하는 것이 아니다.

'내가 보고 있기 때문에, 내가 납득하기 위해 일을 하는 거야. 그래야 기분이 좋아.'

가토리는 스스로 결론을 내리면서, 두 달 동안 변한 자신에게 놀랐다.

가토리는 자신의 마음속에서 무언가가 확실히 변했음을 깨달았다.

'어쩌면 내가 정말 바보일지도 몰라'라고 생각하면서도, '다른 사람이 보니까 일하고, 다른 사람이 보지 않으니까 일하지 않는다'라는 개념을 완전히 버린 자신이 매우 자랑스러웠다.

문득 정신을 차려 보니, 어느샌가 1층 계단까지 청소가 끝나 있었다.

그로부터 며칠 후, 기다리고 기다리던 날이 왔다.

다구치 소이치로 사장이 해외 출장에서 돌아온 것이다.

가토리가 점심을 먹기 위해 사무실에 와 보니, 다구치 사장은 기다리고 있었다는 듯이 슬쩍 웃으며 말했다.

"반갑네! 잘 지냈나?"

"네! 사장님도 잘 지내셨죠?"

"용케도 잘 버텼구먼. 영락없이 도망쳐 버릴 줄 알았는데."

"네, 저도 그렇게 생각했습니다."

"어때? 1년 동안 할 만한가?"

"글쎄요. 어떻게 될까요?"

"후후후후."

"하하하."

다구치 사장과 가토리는 누가 먼저랄 것도 없이 크게 웃기 시작했다.

두 달 전, '그만두겠습니다'라고 말할 날만을 손꼽아 기다리며 아등바등 일했던 것이 떠올랐다.

그러나 지금은 달라졌다. 뭐가 어떻게 달라졌는지는 확실치 않다. 아마 일을 계속하다 보면 그 답을 찾을 수 있을지도 모른다.

"나한테 뭐 할 말이 있다고 하던데?"

"아뇨, 특별히 없습니다."

"그래, 그래. 그럼 다행이고. 후후후."

다구치 사장은 몹시 즐거운 표정으로 사무실을 나갔다.

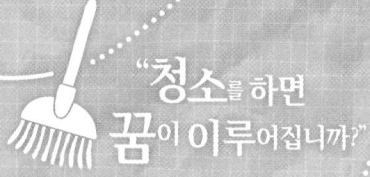
"청소를 하면
꿈이 이루어집니까?"

누군가가 보고 있기 때문에

일을 하는 것이 아니다.

내가 보고 있기 때문에,

내가 납득하기 위해 일을 하는 것이다.

그래야 기분이 좋다.

매일 청소 습관이
인생을 바꾼다

7

가토리가 청소를 시작한 지 어느새 1년이 다 되어 간다.

어떤 때는 '내 인생은 청소를 하다가 끝나지 않을까?'라는 불안이 엄습하기도 했다. 반면 '그런 인생도 나쁘지 않지'라는 생각이 들기도 했다.

하지만 이런 식이라면 여자 친구도 사귀지 못할 것이다.

'그건 좀 싫은데……. 하지만 내 일을 이해해 주는 여자를 만난다면…….'

다음 달 10일부터 전 국민이 열망하던 '도쿄 올림픽'이 열린다.

'별관 빌딩'에서 가끔 보이던 백발 남자가 그날따라 가토리를 불러 세웠다.

가토리는 오른손에는 빗자루, 왼손에는 쓰레받기를 들고 뒤돌아보았다.

예순 살 정도 되어 보이는 그 남자는 남색 양복에 붉은 넥타이를 반듯하게 매고 있었다. 다구치 사장과 취향은 달랐지만 어딘지 모르게 고급스러운 옷차림이었다.

"자네, 얘기 좀 할 수 있나? 잠깐만 시간 좀 내 주게."

"무슨 일이신가요?"

빙긋 웃는 표정을 보니 불만을 얘기하려는 것은 아닌 모양이었다.

"여기 서서 이야기하기는 그렇고, 옥상 레스토랑으로 갈까?"

"죄송합니다만, 지금 일하는 중이라서……."

"쉬는 시간은 언제부터인가?"

"특별히 쉬는 시간은 없습니다. 하지만 이곳을 다 끝내면 잠깐 시간을 낼 수 있습니다."

이제 가토리는 '모든 청소'를 오후 6시에 완벽하게 끝낼 수 있게 되었다.

사카가미 소장과 함께 퇴근하는 경우도 많았다.

"그럼 위에서 기다리고 있겠네."

백발 남자는 엘리베이터를 타고 올라갔다.

청소를 끝낸 가토리는 옥상 레스토랑에 들어갔다.

"어이, 여기야, 여기."

좀 전에 만난 남성이 손짓했다.

"먹고 싶은 거, 뭐든지 시켜."

"아뇨, 괜찮습니다."

"괜찮아, 괜찮아. 내가 보자고 한 거니까."

"그러면 커피 한 잔 마시겠습니다."

"그래. 여기 커피 한 잔 더 주세요."

대체 무슨 이야기를 하려는 걸까? 가토리는 궁금해서 견딜 수 없었다.

"자네 참 잘하더구먼."

"네? 뭐가…….."

"청소 말이야."

"네…….."

남성은 이야기를 계속했다.

"난 잘 알지. 청소하는 사람은 좀처럼 한군데 오래 붙어 있지 않는다는 사실을 말이야. 이 건물의 오너는 돈을 너무 밝히는 걸로 유명해. 좋게 말하는 사람이 거의 없어. 우리 회사도 이 건물에 사무실을 빌렸는데, 매년 임대료를 올린다니까."

"그런가요?"

"그래. 그러니까 감탄스럽지. 그런 사장 밑에서 일하는 자네를 보면. 꽤 오래 버티는 데다 혼자서 모든 층을 청소하니까 말이야. 보통 정신력으로는 할 수 없는 일이야."

가토리는 누군가가 자신을 지켜보고 있다는 사실이 기분 나쁘지 않았다. 아니, 오히려 무척 기뻤다.

역시 '무슨 일을 하든 간에 어딘가에서 누군가가 반드시 지켜보고 있는 법'이다.

"그래서 말이지, 그런 자네를 보고 부탁할 게 하나 생겼어. 나는 이런 일을 하는 사람이야."

남자는 명함을 건네며 말했다. '오야마 이치로'라는 이름 밑에 유명한 대형 백화점 이름이 쓰여 있었다. 직책은 관리부장이었다.

"우리 백화점에서 일하지 않겠나? 지금 우리는 청소가 잘 안되고 있거든. 요즘 젊은 사람들은 청소를 우습게 본다니까. 그렇다고 자네더러 청소를 직접 하라는 말은 아니야. 자네는 청소 전문 직원을 감독하는 자리에 앉으면 돼. 자네같이 신념을 갖고 청소하는 사람이 감독으로 부임한다면, 다른 직원들도 청소에 대한 인식이 변하지 않을까 생각하네만."

"아, 예……."

갑작스러운 제안에 할 말이 없었다.

"우리 백화점은 매장이 지저분하다는 고객의 불만이 끊이지 않아. 그래서 엄청 고민하며 여러 가지 대책을 세워 봤지만, 좀처럼 해결하지 못했어. 그러다가 자네를 보게 된 거야. 자네가 내 눈에 팍 꽂힌 거지! 월급은 지금의 두 배로 올려 주겠네."

"네? 두 배라고요? 정말입니까?"

"그래. 정말이고말고. 어때? 해 보지 않겠나?"

믿을 수 없는 이야기였다. 하지만 유명 백화점 명함을 건네면서까지 거짓말할 이유는 없어 보였다.

"네, 하지만……. 생각할 시간을 좀 주십시오."

"아냐. 결단을 빨리 하는 것도 자네를 평가하는 기준이야. 'Yes'든 'No'든 빨리 결단하는 사람이 그만큼 남보다 앞서 갈 수 있어. 그러니까 지금 이 자리에서 결정해 주게. 그리고 내일부터 당장 우리 회사에서 청소 감독을 맡아 줘. 자네만 승낙한다면 내가 자네 회사의 사장과 상사에게 잘 얘기해 주겠네."

가토리는 바로 대답할 수가 없었다.

백발의 남성은 지금 당장 결정하라고 했다. 그리고 내일부터 출근하라는 것이다.

그러나 그것은 도저히 있을 수 없는 일이었다. 게다가 7일만 지나면 여기서 일한 지 딱 1년이 된다. 1년 동안 일하겠다고 한 것이 다구치 사장과의 약속이었다.

"죄송합니다. 1주일만 기다려 주시겠습니까? 그때 가서 다시 생각해 보겠습니다."

"방금 말했잖나. 결단을 빨리 하는 것도 자네를 평가하는 기준이라고. 그러니까 지금 당장 여기에서 결단 내리고, 내일부터 출근하게."

"······."

"뭘 망설이는 거야? 이건 평생 한 번 있을까 말까 한 제안이라고."

분명 끌리는 조건이었다. 눈 딱 감고 따라가고 싶었다. 하지만 다구치 사장과의 '약속'이 있었다. 아니, 그보다도 최근 1년 동안 자신이 무척 변했다는 사실 때문에 망설여졌다.

그것은 모두 '청소' 덕분이다. 조금 과장해서 말하자면 그것은 모두 다구치 사장 덕분이기도 하다. 1년이 지난 뒤 어떻게 될지는 별로 생각해 본 적이 없었다. 슬슬 다른 일을 찾아볼까 생각하기는 했다. 이전에 일해 본 경험 때문인지 역시 '호텔'이 좋았다. 청소를 하면 할수록 호텔 일이 더 좋아졌다.

하지만 자신을 곤경에서 구해 준 다구치 사장을, 1년이 딱 지나자마자 냉큼 등지고 뛰쳐나갈 수는 없었다. 일단 약속대로 1년을 채우고, 몇 달 동안 더 '봉사하는 마음'으로 일하면서 다구치 사장의 은혜를 갚을 작정이었다.

그렇다. 'Yes'인지 'No'인지는 처음부터 정해져 있었다.

상상하기 어려울 만큼 너무나도 '좋은 조건' 때문에 정상적인 판단력이 잠시 흐려졌을 뿐이었다.

"죄송합니다. 매우 고마운 말씀이지만, 거절하겠습니다. 아무래도 당장은 그만둘 수 없는 사정이 있습니다."

가토리는 확실한 어조로 말했다.

"이렇게 좋은 조건을 제시했는데 뭐가 부족하다는 거지?"

방금 전까지 상냥했던 남자의 표정이 갑자기 무서워졌다.

"이해 못 해? 월급을 두 배로 올려 주겠다고. 게다가 아무나 입사할 수 없는 유명 백화점이야. 이런 좋은 기회는 두 번 다시 오지 않아!"

"죄송합니다. 지금 하는 일을 당장 그만둘 수 없습니다. 약속했거든요."

"마지막으로 말하지. 우리 회사로 오게."

"고마운 말씀이지만, 죄송합니다."

남자는 그 대답을 듣는 순간 벌떡 자리를 박차고 일어나더니 레스토랑에서 나가 버렸다.

테이블에는 2인분의 계산서가 남아 있었다.

가토리는 생각했다. 세상에는 '돈보다 소중한 것'이 많다고. 청소를 하면서 그 소중한 것들을 배웠다. 그것은……

'한 가지 일을 꾸준히 하는 법.'

그리고,

참고 견디는 법, 우직하게 몰두하는 법, 능률과 효율을 높이기 위해 머리를 쓰는 법.

또 한 가지 일을 꾸준히 한 끝에 얻은 가장 소중한 것은,

'어떤 말에도 흔들리지 않는, 겉과 속이 같은 사람이 되는 법.'

이 많은 것들을 '청소'하면서 배웠다. 모두 다구치 사장의 은혜이다.

"잊어버리자."

가토리는 그렇게 중얼거리며 다시 일을 시작했다.

솔직히 '좀 아깝다'는 생각이 들기는 했다.

"청소를 하면
꿈이 이루어집니까?"

한 가지 일을 꾸준히 하면서 배울 수 있는 것.

'참고 견디는 법,

우직하게 몰두하는 법,

능률과 효율을 높이기 위해 머리를 쓰는 법.'

'어떤 말에도 흔들리지 않는,

겉과 속이 같은 사람이 되는 법'

매일 청소 습관이
인생을 바꾼다

8

그로부터 1주일 후, 가토리가 다구치 사장 밑에서 '청소'를
시작한 지 딱 1년이 되는 날이었다.

내일은 도쿄 올림픽 개회식이다.

길고도 짧은 1년이었다.

아직 사장을 만나지 않았다. 먼저 사장을 찾아가면 '1년 동
안 열심히 했으니 칭찬받고 싶다'는 마음을 들킬 것 같았다.

하지만 '지난 1년을 평가받고 싶다'는 마음은 부정할 수 없는
본심이었다.

가토리는 그날 출근길 전철 안에서 아랫배가 슬슬 아파 왔
다. 세 역만 참으면 되는데, 통증이 점점 심해졌다.

가토리는 안 되겠다 싶어서 중간에 내렸다. 황급히 계단을
내려가서 지하철 역 화장실로 뛰어 들어갔다. 다행히 아슬아슬
하게 변기에 도착했다.

볼일을 다 보고 바지를 올렸을 때 '뭔가 다른' 화장실 분위기를 눈치 챘다.

"예쁘다."

그곳은 처음 와 본 화장실이었다. 지하철 역 화장실은 지저분한 것이 보통이다. 하지만 가토리가 들어간 칸은 반짝반짝 빛이 났다.

문을 열고 밖으로 나왔다. 세면대도 바닥도 벽도 모두 깔끔했다.

'대체 여기는 누가 청소하는 걸까?'

지금까지 그런 생각을 해 본 적이 한 번도 없었다.

'분명 누군가가 열심히 청소했으니 이렇게 깨끗하겠지.'

가토리는 그렇게 생각하면서 다시 플랫폼으로 이어지는 계단을 뛰어 올라갔다.

그날, 가토리가 오전에 할 일을 마치고 점심을 먹기 위해 사무실로 돌아오자, 사카가미 소장이 가토리에게 사무적인 말투로 말했다.

"가토리 씨, 3층 임원실로 가 보세요. 사장님 호출이에요."

"네."

가토리는 짧게 대답했지만, 가슴은 쿵쾅거렸다.

얼른 3층으로 올라가서 임원실 문을 열었다.

수십 명의 사람이 회의를 하듯 테이블 주위에 빙 둘러앉아 있었다. 방을 착각한 모양이었다.

"아, 죄송합니다. 잘못 찾아왔나 봅니다."

가토리가 당황해서 문을 닫으려던 순간, "가토리, 제대로 찾아왔어." 하고 안쪽에서 다구치 사장이 큰 소리로 부르는 소리가 들렸다.

가토리는 다시 방 안으로 얼굴을 들이밀고, 쭈뼛쭈뼛 안쪽으로 발을 옮겼다.

서른 명 정도 되는 사람이 커다란 테이블 둘레에 앉아 있었다.

얼핏 '사장님' 분위기를 풍기는 사람들이었다.

다구치 사장이 가장 안쪽에 '의장'처럼 앉아 있었다.

"이쪽으로 오게."

가토리는 시키는 대로 사장에게 걸어갔다. 모든 시선이 가토리에게 쏠렸다.

"여기 앉게나."

"아뇨, 제가 어떻게……."

사장의 바로 옆자리였다.

"괜찮으니까 앉아."

가토리는 감히 사장의 옆자리에 앉기가 겸연쩍어서 그냥 서 있었다. 방 안에 있는 모든 사람이 가토리보다 30~40세 정도 더 많았기 때문에, 가토리는 분명 뭔가 잘못되었다고 생각했다.

"안심하게."

다구치 사장은 가토리에게 온화한 표정으로 말했다.

"실은 오늘 자네에게 사과해야 할 일이 하나 있네."

"네?"

"그렇죠? 무라코시 씨."

다구치 사장의 시선 끝에는 낯익은 얼굴이 있었다. 1년 전에 일했던 호텔 레스토랑의 지배인 무라코시였다.

"어? 지배인님, 왜 여기에……."

"놀라는 것도 무리는 아니지. 지금 이 자리는 건물 입구 간판에 쓰인 것처럼 '경제 클럽'이라는 모임이라네. 매달 한 번씩, 각계에서 활약하는 회원들이 만나서 식사를 하지. 물론 그냥 식사만 하는 건 아니야. 비즈니스 정보를 교환하면서 서로 돕기 위한 클럽이지. 그만큼 쟁쟁한 인물들이 모여 있어. 자네가 알고 있는지는 모르겠는데, 무라코시 씨는 앞으로 아버지의 뒤를 이어 호텔 사장이 될 사람이야."

"잠깐만요. 아버지가 아직 저에게 호텔을 물려주겠다고 하지는 않으셨어요."

"하하하하, 걱정 마. 무라코시 자네는 재능이 아버지보다 더 뛰어난걸. 아, 내가 이런 말 했다는 건 아버지한테 비밀이야."

다구치 사장의 말에 그 자리의 모든 사람이 웃음을 터뜨렸다.

가토리는 깜짝 놀랐다. 호텔에서 일할 때 무라코시 지배인이 자신과 똑같은 월급쟁이 지배인이라고 생각했기 때문이다.

1년 전, 느닷없이 해고당했을 때에는 지배인에게 원한을 품었는데…….

'어라? 잠깐. 지배인님이 여기에 있다는 건?'

가토리가 멍하니 입만 벌리고 있자, 다구치 사장이 다시 말을 이었다.

"미안, 미안. 제대로 설명해 줘야겠군."

"······."

"사실은 이렇게 된 거야. 딱 1년 전이었지, 아마. 무라코시 씨가 이 모임에서 자기네 호텔 레스토랑에 무척 장래성 밝은 훌륭한 청년이 있다고 했어. 요즘 눈에 띄게 청소를 열심히 한 다나. 우리 회원들은 모두 흥미진진하게 이야기를 들었지. 이 야기를 듣다 보니, 뭔가 짚이는 거야. 이름은 모르지만, 왠지 내가 아는 사람 같더라고."

그때 무라코시 지배인이 끼어들었다.

"다구치 사장님이 자랑할 일은 아니죠. 가토리에게 청소를 가르쳐 준 사람은 사실 저니까요."

"아, 그랬나? 하하하. 저 말이 사실인가, 가토리?"

"네? 네, 맞습니다."

또 모든 사람이 웃음을 터뜨렸다.

"그래서 말이지, 우리 회원들은 그렇게 장래성 밝은 청년이 라니까 한번 만나고 싶었어. 실제로 몇 명은 자네를 보러 갔을 거야. 혹시 자네를 무턱대고 지명하고 레스토랑에 찾아온 손님이 있지 않았나?"

있었다. 가토리는 그때 기억이 솔솔 떠올랐다.

"자네를 만난 사람들은 하나같이 '쓸 만한 청년이다, 훌륭한 인재다' 하며 입을 모았지. 그러자 조금 장난을 치고 싶어지더라고. 그래서 나는 이런 제안을 했어. 1년 동안 자네를 우리 회사에 취직시키고, 청소만 시키면서 부려 먹어 보자. 그걸 버텨 낼 수 있는 됨됨이가 되는지 아닌지를 놓고 우리는 내기를 걸었어."

"네? 설마……."

"미안해. 그 설마가 사실이야. 내기를 시작하기 위해 자네를 일부러 해고한 거야."

지배인 무라코시가 테이블 위에 양손을 대고 가토리에게 머리를 깊숙이 조아리며 사과했다.

"미안해, 가토리. 물론 자네를 내보낼 생각은 눈곱만큼도 없었어. 설령 다구치 사장님 밑에서 1년을 버티지 못하더라도 자네를 재고용할 생각이었어. 자네에게 마이너스가 되는 일은 결코 아니라고 생각했지. 하지만 결과적으로 자네를 속여서 미안해."

"그럼, 제가 호텔에서 나왔을 때 다구치 사장님 차에 치일 뻔한 일도……."

"그래, 그것도 꾸민 일이야. 용서해 주게."

가토리는 조금씩 안정을 되찾아 가는 동시에, 점점 화가 나기 시작했다.

지금까지의 일이 모두 꾸민 짓이고, 단지 '부자 클럽 놀이'였을 뿐이라니.

아무리 자신의 됨됨이를 평가하려는 의도였다 해도, 사람을 '노리개' 취급한 거나 다름없었다.

가토리는 화를 가까스로 억누르고 태연한 척 물었다.

"다구치 사장님, 아까 '내기'라고 하셨죠? 그 내기는 어떻게 됐습니까? 저는 그 결과를 들을 권리가 있지 않습니까?"

"역시 화가 났군. 당연히 화가 나겠지. 부디 용서해 주게나. 사실 그 내기에서 우리 모두 졌어. 자네가 1년 동안 버티지 못하리라는 데 우리 모두가 걸었거든."

"네? 잠깐만요. 그러니까 사장님이 먼저 내기하자고 하셨으면서, 사장님도 제가 1년을 못 버틴다는 데 거셨단 말씀이세요? 최소한 사장님만큼은 저에게 거셨어야죠."

"면목 없네. 하지만 지금까지 그 일을 1년 동안 버틴 사람이 한 명도 없었거든. 그래서 얼마나 힘든 일인지는 내가 가장 잘 알아."

"너무하시네요!"

"그래, 미안, 미안."

이번에는 다구치 사장이 테이블에 양손을 대고 고개 숙여 사과했다.

"그런데 자네는 아주 열심히 하더군."

누군가가 불쑥 끼어들었다.

가토리가 그쪽을 돌아봤더니, 어딘가에서 본 듯한 얼굴이 있었다.

"아, 당신은!"

"그래, 미안하게 됐네."

청소를 시작한 지 2주일 째 되는 날 진흙투성이 구두로 바닥을 더럽힌 중년 남성이었다.

"미안해. 내가 첫 번째로 침투한 자객이었어. 어떻게든 자네를 좌절시키려고 일부러 짓궂게 굴었어."

"그럼 그게 전부 연기였단 말입니까?"

"맞아. 내 비서한테 일부러 진흙을 양동이 가득 담아 오게 했어. 그 진흙을 구두에 묻히고 건물 안으로 들어갔던 게지."

"뭐라고요?"

"그런데도 자네는 그만두지 않았어."

"아, 네. 그 덕분에 중요한 걸 하나 배웠거든요. **지저분한 사람이 있으니까 청소를 할 수 있는 것이고, 쓰레기 버리는 사람이 있으니까 쓰레기를 주울 수 있는 것**이라고 말씀하셨죠? 처음에는 화가 났지만, 그 일로 인해 많은 것을 배웠습니다. 감사드립니다."

"그 말을 들으니 마음이 조금 편해지는군."

그때 다구치 사장이 끼어들었다.

"저 사람을 자네도 잘 알걸세. 간토코교 은행장인 다하라 반베이야. 이름은 들어 봤지?"

가토리는 당연히 그 이름을 들어 봤다. 다이쇼와 쇼와 시대의 경제는 그를 빼고 논할 수 없다.

그때 가토리는 안 좋은 예감이 들었다.

'설마, 설마……..'

가토리는 자리에 앉은 서른 명의 얼굴을 빙 둘러보았다.

'역시…….'

비상계단에서 보았던, 클럽 마담 분위기의 여자도 있었다.

"총각, 그때는 미안했어요."

다구치 사장이 여성을 소개했다.

"저 사람은 혼조 데루코라고 해. 긴자에 있는 유명한 클럽의 오너야. 보통 클럽은 아니야. 정, 재계의 거물들이 모두 저 사람의 클럽에서 만나지. 그곳에서 미래의 정치와 경제가 결정된다고 해도 과언이 아니야."

"어머, 오라버니. 과찬이세요."

"아냐, 사실인걸."

오라버니라고 불린 다구치 사장은 진지한 얼굴로 대답했다.

가토리의 기억에 있는 또 한 명의 얼굴이 있었다.

바로 얼마 전, 자기네 회사로 와 달라고 제안한 유명 백화점의 관리부장 오야마 이치로였다.

"오야마 부장님도 한통속이셨군요."

"그래, 나도 미안하게 됐어."

"이제는 화낼 기운도 없네요."

"아, 그런데 그때 내가 한 스카우트 제안은 진심이었어. 내기 같은 건 어떻게 되든 상관없었지. 만일 그때 자네가 내 제안을 수락했으면 그에 상응하는 자리를 정말 마련해 줄 작정이었다고. 내가 그때 이렇게 말했지. 결단을 빨리 하는 것도 평가의 기준이라고. 'Yes'든 'No'든 빨리 결단하는 사람은 그만큼 남보다 앞서 갈 수 있다고. 그리고 자네는 그 자리에서 'No'라고 말했지. 자네는 'Yes'든 'No'든 빨리 결단 내려서 앞서 나간 사람이 된 셈이야."

또 다구치 사장이 끼어들었다.

"오야마 씨, 그런 이야기는 없었잖아?"

"하지만 사실이에요. 가토리가 제안을 받아들였다면 제 비서로 쓰려고 했어요."

"오호, 가토리, 너무 아깝군. 오야마 사장의 비서실은 미인이 많기로 유명한데. 워낙에 잘나가는 백화점이니까."

"네? 분명 관리부장님이라고 하셨는데……."

"미안. 그 명함은 비서에게 시켜서 딱 한 장만 만든 가짜였어. 그날은 하마터면 진짜 '사장 명함'을 건네줄 뻔해서 진땀이 났지, 하하."

"오야마 사장님, 가짜 명함을 만드시면서까지……. 거짓말

하나 하시려고 너무 힘을 쓰셨네요.”

“하하하하.”

테이블에 둘러앉은 모든 사람이 큰 웃음을 터뜨렸다.

“자, 이번 내기에서는 자네가 이겼어.”

“제가 이겼다고요?”

“그래, 모두 자네가 질 거라고 생각했는데 말이지. 우리는 내기를 시작할 때 이런 약속을 했어. 자네를 해고하면서까지 내기에 끌어들인 만큼, 만일 자네가 우리 생각과 달리 내기에서 이긴다면 자네를 진짜 장래성 밝은 훌륭한 인재라고 인정하자고. 그래서 내기에서 진 우리가 그에 따른 보상으로 자네의 소원을 뭐든지 하나 들어주자고 말일세. 그게 우리가 결정한 사항이야.”

“······.”

“자, 어떤 소원이든 들어줄 테니 하나만 말해 봐.”

“너무 갑작스러운 일이라······.”

백화점 사장인 오야마가 옆에서 거들었다.

“괜찮아. 여기 있는 사람들은 각계의 거물들이야. 대기업의 오너나 대주주가 태반이지. 개개인의 자산도 자네의 상상을 뛰어넘어. 어떤 일이든 실현시킬 수 있는 힘을 지닌 사람들이라고. 내일 열리는 올림픽 개회식 입장권을 갖고 싶다면 우리가 어떻게든 구해 줄 수도 있어. 무라코시 씨의 입장권을 뺏어서 주면 되잖아, 그치?"

"네? 제 입장권은 안 돼요. 오야마 사장님 걸로 주세요."

"에이, 이건 그냥 예를 들어서 한 얘기일 뿐이고. 자, 가토리, 자네 소원은 뭔가?"

"제 소원은……."

"그래."

"호텔……."

"호텔 뭐?"

다구치 사장이 다그쳤다.

가토리는 한 걸음 앞으로 나와서 단호한 어조로 말했다.

"큰 호텔의 사장이 되고 싶습니다."

"호……."

"하……."

여기저기에서 감탄의 한숨이 새어 나왔다.

가토리는 다시 한 번 확실히 말했다.

"전국에, 아니 전 세계에 이름을 떨치는 호텔 체인을 만들고 싶습니다. 고객이 진정한 즐거움을 느낄 수 있도록 편안한 서비스를 제공하고, 하룻밤 묵는 것만으로도 내일을 위한 활력소가 될 수 있는 호텔요. 청소를 철저히 할 뿐 아니라, '청소의 정신'을 통해 고객의 욕구를 미리 파악하고 그에 부응할 수 있도록 직원을 교육해 즐겁게 일할 수 있는 직장, 그래서 고객의 마음속에 남는 호텔 체인을 만들고 싶습니다!"

짝짝짝. 혼조 데루코가 박수를 쳤다.

잠깐 사이를 두었다가 연이어 박수가 터져 나왔다.

"듣던 중 반가운 말이로군!"

"훌륭한 청년이야!"

"이거 참, 당분간 은퇴할 수 없게 됐군!"

"나도 그래!"

"응원해 주자고! 이 젊은이를!"

박수는 좀처럼 그칠 줄 몰랐다.

가토리는 자신에게 차례차례 내미는 따스한 손들을 하나씩 쥐고, 부들부들 떨며 악수를 나누었다. 무릎이 후들거려서 도저히 서 있을 수 없을 지경이었다.

"회장님."

"……."

"가토리 회장님!"

"음……."

발 아래 거리를 내려다보며 젊은 시절의 추억에 빠져 있던 가토리 겐고는 비서가 부르는 소리에 다시 현실 세계로 돌아왔다.

"회장님, 따님이 오셨습니다."

"응, 고마워. 들어오라고 해."

가토리의 막내딸이 들어왔다.

"어, 왔구나. 잘 지내니?"

"물론이죠. 덕분에 잘 지내요, 아버지."

가토리에게는 자식이 셋 있다. 가토리는 막내딸을 유달리 아꼈다.

"애야, 너한테 부탁할 게 하나 있구나."

"뭔데요, 갑자기?"

가토리는 벽에 걸린 커다란 액자로 눈길을 돌렸다. 그 액자

안에는 '꿈'이라는 글씨가 쓰여 있었다.

"청소를 하면
인생이 바뀝니까?"

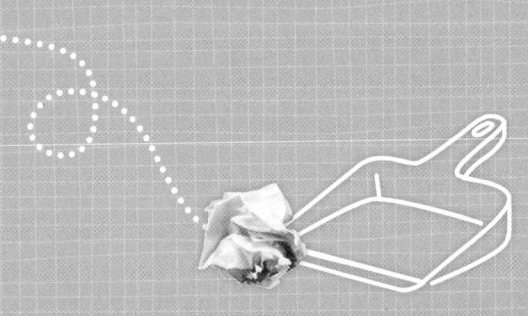

I

이제 곧 7월이었다.

'와카바 유치원'의 교사들은 '칠석 축제' 장식을 준비하느라
여념이 없었다.

만화와 인터넷이 아이들의 사랑을 독차지하는 이 시대에도
옛날부터 전해오는 '견우와 직녀의 사랑 이야기'는 아이들에게
매우 인기가 있다.

아이들이 예전보다 조숙해져 '사랑'에 관심을 더 기울이는지
도 모른다. 유치원 원장의 딸이자, 유치원 교사로 일하는 후지
사와 준코도 때로는 원생들의 행동이 당혹스러웠다.

여자애들이 남자애들에게 아무렇지도 않게 뽀뽀를 하기도 하고, 남자애와 함께 팔짱을 끼고 와서, "우리 결혼해요!" 하고 진지하게 선언하는 황당한 일도 있었다.

점심 식사가 끝나고 40분간의 낮잠 시간이 되었다. 준코가 놀이실에 매트를 깔자 원생들이 너도나도 자리에 누웠다. 곧바로 잠에 곯아떨어지는 아이도 있었지만, 말을 안 듣고 이리저리 돌아다니며 떠드는 아이도 있었다. 준코는 아이들을 겨우겨우 재웠다.

마침 누군가 유치원 놀이터쪽 유리문을 콩콩 두드렸다.

뒤돌아보니 근처 가스 회사 다나카 에너지에서 일하는 야마무라 게이스케가 싱긋 웃으며 서 있었다.

준코와 게이스케가 사귀기 시작한 지 반년이 지났다.

준코는 '내가 남자 보는 눈은 틀림없어'라고 생각할 만큼, 볼 때마다 게이스케의 매력에 빠져들었다. 하지만 원생들처럼 남이 보는 앞에서 키스할 정도로 담력이 크진 않았다. 아직 데이트할 때 손잡는 것조차 부끄러웠다. 물론 그것이 준코 탓은 아니다. 우유부단한 게이스케의 책임이 더 컸다.

준코는 유리문을 열고 복도로 나왔다.

"무슨 일이에요, 게이스케 씨?"

"아, 저번 일 때문에 얼른 알려 줄 게 있어서요."

"별로 좋은 소식은 아닌가 봐요."

준코가 눈썹을 찌푸렸다.

"네, 실은 그래요. 그게 말이죠."

그때 게이스케가 흠칫 놀랐다.

"왜 그래요?"

준코가 뒤돌아보자 원생들이 어느샌가 유리문에 다닥다닥 붙어서 두 사람을 바라보고 있는 것이 아닌가? 준코의 얼굴이 빨개지자, 한 남자아이가 큰 소리로 외쳤다.

"얼레리꼴레리!"

순식간에 모든 아이들이 놀려 대기 시작했다.

"얼레리꼴레리!"

"사랑한대요!"

"견우와 직녀다!"

아이들이 유리문을 열고 바깥으로 우르르 뛰어나오더니 준코와 게이스케를 빙 둘러쌌다.

준코가 "이제 됐어, 교실로 들어가!" 하고 아이들을 달랬다. 하지만 아이들은 게이스케의 손을 붙잡더니 게이스케마저 교실로 끌고 들어갔다.

게이스케는 꼼짝도 못 하고 아이들이 하자는 대로 내버려 두었다.

이제 낮잠은 다 잤다.

준코가 아이들에게 소리를 빽 질렀다.

"자, 그만! 이제 조용히 해. 알았어, 알았어. 이 형아랑 같이 공부할 테니까 조용히 하자!"

"응? 나랑 같이 공부한다고요? 뭘요?"

"점심시간 다음에는 수학시간이거든요. 조금만 같이 있어 줘요."

"아, 좋아요. 근데 유치원생들도 수학을 배워요?"

"당연하죠. 간단한 계산은 할 수 있어야 학부모님들이 안심하거든요. 우리 유치원은 아직 안 하지만, 영어를 가르치는 유치원도 굉장히 많아요."

"그래요?"

"자, 자. 점심시간이 끝났으니 이제 수학 공부를 하자. 켄,

아이코! 선생님이랑 화이트보드를 가져오자. 게이스케 형아도 도와줄 거야."

"네에."

"네에."

준코가 손뼉을 딱딱 치자 모든 아이가 자리에 얌전히 앉았다.

"여러분, 오늘은 뺄셈을 배워 볼게요."

준코가 화이트보드에 사과 다섯 개를 그렸다.

"자, 여기에 사과 다섯 개가 있습니다."

"네."

"이 중에 하나를 먹으면 몇 개의 사과가 남을까요?"

"저요."

"저요."

모든 아이들이 일제히 손을 들었다. 그중 한 남자아이가 폴짝폴짝 뛰며 손을 높이 올렸다.

아까 준코와 게이스케를 보고 "얼레리꼴레리!"를 처음으로 외쳤던 아이였다. 준코는 그 아이를 지목했다.

"그래, 그래, 류! 네가 말해 보렴."

"네, 다섯 개입니다!"

그 순간 모든 아이들이 "와, 틀렸다!" 하고 소리를 질렀다.

"류, 잘 들어 봐. 사과가 다섯 개 있었는데 하나를 먹어 버렸어. 그럼 남은 것은……."

"다섯 개예요! 네 개는 화이트보드에 있고 나머지 하나는 배 속에 있으니까, 전부 합해서 다섯 개예요."

"응?"

"에이, 그런 게 어딨어?"

모든 아이들이 큰 소리로 웃었다.

"아냐, 류. 너 일부러 장난치는 거지?"

"아뇨. 저 뺄셈 할 줄 알아요. 7 빼기 3은 4. 10 빼기 2는 8……."

"와, 대단한데, 류."

"네, 전에 다니던 유치원에서 배웠어요."

"그렇구나……."

그러는 틈에 30분이 훌쩍 지나갔다.

"또 올게요."

게이스케는 준코에게 그 말을 남기고 도망치듯 일어서서 나갔다.

오후 6시.

모든 원생과 교사가 집으로 돌아가고 준코만 남아 있는 적막한 유치원 사무실에 게이스케가 다시 찾아왔다.

"어머, 게이스케 씨. 오늘 낮에는 고마웠어요. 좀 난처했죠?"

"아, 네, 조금."

"그 류라는 아이, 재밌지 않았어요?"

"아, 하하."

"얼마 전에 부모님이 이 동네로 이사 와서 유치원에 새로 들어온 애예요. 근데 짧은 기간에 아이들 사이에서 인기를 끌더니, 벌써 많은 여자애들한테서 프러포즈도 받았어요."

"와, 대단하네요. 부러운걸요."

"어머, 게이스케 씨도 많은 여자들한테서 프러포즈 받고 싶어요?"

"농담이에요."

"후훗."

2

게이스케는 화제를 돌렸다.

"아, 맞다. 저번 일 때문에 왔어요."

"네. 어떻게 됐어요?"

유치원 뒤쪽으로는 상점가를 따라 조그만 강이 흐르고 있다. 예전에 그 강에 정말 은어가 뛰어놀았다고 해서 '은어강'이라고 한다. 폭 5미터 정도의 강 양쪽에는 산책로가 조성되어 있다. 하지만 지금은 '정비사업' 때문에 생활 폐수가 흘러들고 있다.

은어강은 최근 반년 동안 오물로 뒤덮여 악취를 풍기게 되었다.

2킬로미터 상류에 있는 '농업단지' 때문이었다.

언제부터인가 이 농업단지에 대량의 산업폐기물이 불법으로 투기되고 있었다. 불법 투기되는 산업폐기물의 양은 상당히 많았다. 언론 보도에 따르면 4톤 트럭 300~500대분이나 된다고 했다.

산업폐기물 대부분은 건축 현장에서 나온 것이었다. 철거된 주택의 기둥, 기와, 콘크리트뿐 아니라 이불, 냄비 같은 가재도구도 버려졌다.

처음에는 농업단지가 있는 지역만의 문제였다. 그런데 장마철이 되면서 문제가 강 하류로 퍼졌다.

6월의 기록적인 폭우로 농업단지에서 토사가 붕괴하고 폐기물이 한꺼번에 강으로 흘러들었다.

강물이 크게 불어나면서 폐기물은 순식간에 강 하류로 떠내려 왔고, 건축 폐자재가 수 킬로미터에 걸쳐 어지럽게 흩어졌다.

나쁜 일은 겹치는 법이다.

아름다운 강은 가만있어도 점점 더 아름다워지면서 물고기가 자연스럽게 찾아든다. 하지만 한번 더럽혀진 강은 시간이 갈수록 점점 더러워지고 쓰레기가 쌓인다. 은어강은 그렇게 죽어 가고 있었다.

밤이 되면 고장 난 가전제품을 몰래 버리는 사람까지 나타났다. 그런 커다란 쓰레기가 강물의 흐름을 군데군데에서 턱턱 막아 웅덩이가 생겼다.

메탄가스가 발생하고 침전물이 쌓이고 물고기가 죽고 악취를 풍기게 되는 데에는 그다지 오랜 시간이 걸리지 않았다. 불과 몇 달 사이에 은어강은 '시궁창'으로 바뀌고 말았다.

준코와 게이스케는 눈살을 찌푸리고 은어강을 내려다보았다.

조금 있으면 해가 지고, 차마 눈뜨고 보기 어려운 은어강의 처참한 모습은 어둠에 휩싸일 것이다.

주위에 모기떼가 날아들었기 때문에 두 사람은 손으로 모기를 쫓으면서 이야기했다.

"게이스케 씨, 그래서 어떻게 됐어요?"

"네. 관청에서는 전혀 상대해 주지 않아요. 무조건 '예산이 없다'는 말만 하고……."

"역시 그렇군요."

두 사람은 '상점가 클린업 작전'의 실행위원이었다. 게이스케는 '실행위원장'이다.

'지역 주민 모두가 참여하는 청소 이벤트' 덕분에 상점가는 예전과 달리 깨끗해졌다. 그 성과는 곧바로 나타났다. 각 상점의 평균 매출이 전년도에 비해 120%로 높아진 것이다.

거리가 깨끗해지자 손님이 증가했기 때문이기도 했고, '상점가 클린업 작전'을 언론에서 대대적으로 다루어 준 덕분이기도 했다.

게이스케는 실행위원장으로서 '은어강 문제'에 관해서도 클린업 작전의 하나로 관청에 민원을 제기했다.

"시청 환경과에서는 농업단지가 있는 인근 도시로부터 배상금을 받아야 한다고 하더군요. 우리가 피해자라면서요. 피해자가 자신의 세금을 사용할 필요가 없다고 하면서요."

그 의견도 분명 일리가 있었다. 하지만 사태는 하루가 달리 악화되고 있었다.

"요즘 모기가 많아졌어요. 아무래도 은어강의 웅덩이에서 발생하는 것 같아요. 우리 유치원 아이들도 걱정이 돼요."

준코네 유치원에서는 창과 문에 방충망을 달아서 원생들이 모기에 물리지 않도록 노력하고 있었다. 하지만 햇살 좋은 날에 아이들을 밖에서 놀지 못하게 막을 수는 없었다.

지루한 장마철 틈에서 오랜만에 나온 저녁노을은 강물을 벌겋게 물들이고 있었다.

언뜻 '아름다운' 광경이었지만, 자세히 살펴보면 눈을 감고 싶어질 만큼 강은 폐기물로 가득했다.

게이스케가 준코에게 불쑥 중얼거렸다.

"제가 언젠가 말한 적 있었죠? 공원에서 쓰레기 줍던 노인이요."

"네, 기억나요."

그 노인은 유명 호텔 체인의 회장 가토리 겐고였다.

게이스케는 나중에 그 노인이 엄청 대단한 사람이라는 사실을 신문에서 보고 놀랐다. 게이스케는 그 노인을 처음 만났던 때를 떠올렸다.

'처음에는 치매 걸린 노인인 줄 알았는데……'

"가토리 회장한테 편지를 썼어요."

"뭐라고 썼는데요?"

"산업폐기물을 시청에서 치우는 일에 관해서 상의드릴 수 있겠냐고요."

"그런 유명한 사람한테 편지까지 쓰다니 대단하네요."

"지푸라기라도 잡는 심정으로 쓴 거죠. 상점가의 모든 사람이 저한테 기대하고 있으니 부담이 돼요."

게이스케는 가토리 회장에게 일말의 기대를 하고 있었다. '그 노인이 뭔가 또 조언을 해 주지 않을까, 그보다 대기업으로서 행정기관에 압력을 넣어 주지 않을까' 하고 말이다.

그런 대형 호텔 체인이 마음만 먹는다면 '시청 행정' 정도는 충분히 움직일 수 있을 것이다.

시내에 새로 들어선 호텔은 시에도 세금과 관광객을 가져다주기 때문에 시청으로서도 무시할 수 없는 존재일 터이다.

"그래서 어떻게 됐나요?"

"아직 아무런 답장도 없어요."

준코는 게이스케의 표정을 들여다보았다.

게이스케는 고개를 힘없이 돌렸다. 편지를 보낸 지 거의 한 달이 지났지만, 답장은 감감무소식이었다.

이틀 후, 게이스케는 침통한 얼굴을 했다.

이번 주말에 준코와 데이트를 하고 싶지만, '은어강 문제' 때문에 머릿속이 복잡했다. 준코에게 멋있는 모습을 보여 주고 싶었는데, 한 개인의 힘으로 '강 하나를 깨끗하게 만드는 일'은 도저히 힘에 부치는 커다란 문제였다.

'준코 씨가 이런 무능력한 나를 보고 실망할 텐데……'

그렇게 생각하자 한숨이 나왔다.

유치원의 에어컨이 고장 났는지 준코가 유치원으로 와 달라고 연락을 했다.

게이스케는 당장 달려갈 수 있었지만 별로 내키지 않았다.

"어, 팀장님. 아침부터 기운이 없으시네요. 준코 선생님한테 청혼했다가 거절당하셨나요?"

쇼헤이가 농담을 던졌다.

"걱정 마세요. 팀장님이 거절당했으면 제가 대신 사귀어 드릴게요."

"이 녀석이!"

"역시 아직도 별다른 진전이 없나 보네요. 안 되겠네."

"시끄러!"

"자, 이제 가야죠? 유치원에 갈 시간이에요."

"아, 그래."

3

게이스케와 쇼헤이가 함께 유치원에 도착했다.

복도를 걷고 있자니, 한 아이가 소리쳤다.

"앗! 준코 선생님 남자 친구다!"

그 아이는 전에 수학시간 때 뺄셈을 잘한다고 주장했던 류라
는 남자아이였다.

어느샌가 또 다른 아이들까지 합세해서 한목소리로 외치기
시작했다.

"남친! 남친!"

"팀장님, 여기서는 체면이 말이 아니시네요."

"시끄러."

준코가 목소리를 높여서 아이들을 교실로 불러 모았다.

"자, 그림 그리기 시간이에요."

"네에, 선생님."

아이들은 준코의 말을 잘 따랐다. 와카바 유치원에는 날마다

음악과 미술 시간이 있다.

"여러분, 오늘은 교실에 있는 그림책을 보면서 그리고 싶은 것을 따라서 그리도록 해요."

"네에!"

아이들은 교실 뒤쪽에 있는 책장으로 앞다퉈 달려갔다.

"류는 뭘 그릴 거니?"

류는 동물도감을 품에 안고 가장 먼저 책상으로 돌아왔다.

"저는 동물이 제일 좋아요. 그래서 동물을 그릴 거예요."

"그래? 류는 무슨 동물이 좋아?"

"그냥 동물이면 다 좋아요."

"그래, 그래. 그래도 가장 좋아하는 동물이 있잖니?"

"저~언부 좋아요!"

준코는 쓴웃음을 지을 수밖에 없었다. 류는 벌써 검은색 크레파스를 쥐고 테두리를 그리기 시작했다.

"저~언부 좋으니까 모두 그릴 거예요."

"으응? 이걸 전부?"

그 동물도감에 실린 동물의 종류는 셀 수 없이 많았다.

"네. 선생님이 가장 좋아하는 걸 그리라고 했잖아요. 저는 전부 좋으니까 다 그럴 거예요."

"좋아, 알았어. 류, 열심히 해 봐."

준코는 살짝 어지러움을 느끼며 류가 하고 싶은 대로 내버려 두었다. 많은 아이 중에 류만 상대하고 있을 수도 없는 노릇이기 때문이다.

유리문 너머에서 이 모습을 보고 있던 쇼헤이가 게이스케에게 말했다.

"진짜 힘들겠네요. 전, 유치원 선생은 절대 못할 것 같아요."

"그렇겠지. 아이 다루는 게 보통 일이 아냐."

"팀장님이랑 준코 선생님 사이에도 아이가 생길 거 아녜요?"

"이 녀석이! 왜 갑자기 그런 얘길……."

두 사람의 눈앞에서 류라는 아이는 동물도감 첫 페이지의 코끼리를 그리기 시작했다. 동물도감 첫 페이지에만도 아시아코끼리, 아프리카코끼리, 인도코끼리……. 그리고 멸종한 매머드까지 여러 종류가 실려 있었다. 아무래도 그 동물도감은 유아용은 아닌 듯싶었다.

그로부터 두 달이 흘렀다.

무더운 여름이 지나고, 가을 장마철이 돌아왔다. 가을 장마 전선이 예년보다 기승을 부려 각지에서 수해를 일으켰다.

인근 도시의 농업단지도 예외가 아니었다. 허술한 콘크리트 가 무너지며 강물이 불어났고, 또 다시 폐기물이 은어강으로 흘러들었다.

언론에서 불법 투기의 범인을 찾아냈다. 하지만 이미 그 회 사는 부도났고, '배상 책임'을 물을 만한 상대도 없었다.

그 소식을 전하는 신문 기사를 읽고, 준코와 게이스케는 한 숨을 내쉬었다.

"준코 씨, 신문에는 어두운 이야기뿐이로군요."

"그러게요."

"뭐 좀 즐거운 기사는 없을까……."

게이스케는 그렇게 말하다가 갑자기 '아차' 싶었다. 준코 앞 에서 기운 없는 모습을 보이고 말았기 때문이다.

"어머, 맞다! 그러고 보니 좋은 일이랄까, 놀랄 만한 일이 하 나 있어요."

"뭔데요?"

"류라는 애 말이죠."

"아, 그 아이요."

"여름방학 전 그림 그리기 시간에, 그림책에서 가장 좋아하는 것을 그리라고 했는데⋯⋯."

"아, 기억나요. 그때 마침 에어컨 고치러 왔다가 봤어요."

"그랬죠."

"그 애가 동물도감에 있는 걸 전부 그리겠다고 했는데요⋯⋯."

게이스케는 그 애가 아무래도 신경 쓰였다. 유치원생이면서도 어딘지 모르게 어른스러웠다. 오히려 자신보다 더 어른스러워 보였다.

"근데 류가 말이죠, 글쎄, 놀라운 일을 해냈어요."

"뭔데요?"

"그림 그리기 시간이 끝나고 곧 여름방학에 들어갔거든요. 그런데 한 달 뒤 9월 개학 첫날에 류가 스케치북을 갖고 왔어요. 이것 좀 보라면서 스케치북을 훌훌 넘기는데, 스케치북 안에 동물 그림이 가득 그려져 있지 뭐예요."

"와, 대단하네요. 열 종류 정도 그렸나요?"

"아뇨, 그렇게 적지 않아요. 동물도감을 집에 갖고 가서 여름방학 때 매일매일 그렸대요. 스케치북 세 권에 빽빽이……."

"세 권?"

"그림을 하나하나 세어 봤더니 이백오십이 종류나 되더라고 요! 어린아이는 보통 한 가지 일을 꾸준히 하지 못하거든요. 한 참 그림을 그리다가도 텔레비전에서 만화가 시작되면 또 거기 에 정신이 팔리게 마련이죠. 근데 질리지도 않고 매일같이 여덟 종류나 열 종류씩은 그렸나 봐요. 9월에 들어서도 계속 그리고 있고, 아직도 유치원에서 그림 그리기 시간에는 류만 혼자서 동물을 그려요. '오늘은 밖에서 화단의 꽃을 그려 볼까?' 하고 말해도, 혼자서만 '아직 전에 그리던 것이 완성되지 않았어요.' 하면서 묵묵히 동물만 그려요."

"어린아이는 하나에 빠지면 다른 것은 보지도 않는다더니."

"그러게요. 그런데 그 애는 어딘지 모르게 특별해요. 그런 애 는 여태껏 본 적이 없어요."

준코는 눈동자를 반짝이며 말했다. 게이스케는 왠지 신경 쓰 이던 류가 준코에게서 칭찬받자 '질투'를 느꼈다. 겨우 유치원 생한테…….

"이대로라면 정말 전부 그릴 기세예요, 그 애."

준코가 상기된 목소리로 말했다.

"설마, 그러진 않겠죠. 다 그리기엔 너무 많아요."

게이스케는 심드렁했다.

하지만 준코의 예상이 적중했다.

그로부터 또 두 달이 지났을 때 류는 드디어 동물을 전부 그려 냈다.

준코에게서 류의 스케치북을 건네받은 게이스케는 눈이 휘둥그레졌다. 그것은 상상을 훨씬 뛰어넘었다. 동물도감을 그대로 복사한 것이나 마찬가지였다.

물론 그림 자체는 서툴렀다. 어린애가 그린 티가 폴폴 나는 그림이었다. 잘 그렸느니 못 그렸느니 품평할 수준도 못 되었다.

하지만 정신이 아득해질 만큼 많은 양이라는 점이 중요했다. 손익을 따져서 움직이는 어른이라면 이런 일은 절대 못할 것이다. 웬만한 마니아가 아닌 다음에야.

준코와 게이스케는 그림의 개수를 함께 세어 보았다.

스케치북에는 전 세계 육백이십칠 마리의 다채로운 동물들이 그려져 있었다.

게이스케의 마음속에서 '쿵!' 하고 무언가 깨달음을 얻는 소리가 울렸다.

정신이 아득해질 만큼

많은 양이라는 점이 중요했다.

손익을 따져서 움직이는 어른이라면

이런 일은 절대 하지 못할 것이다.

4

그로부터 얼마 지나지 않은 11월 어느 날이었다. 초겨울의 따뜻한 날씨에 눈부시게 푸른 하늘이 펼쳐져 있었다.

그러나 은어강의 상황은 점점 악화되고만 있었다.

얼마 전만 해도 때아닌 태풍이 이 지역을 강타했다. 은어강의 오염 구역은 차츰 넓어지고, 시(市)를 넘어 현(県) 수준의 문제로까지 확장되었다.

몇 명의 현 의회 의원이 은어강을 시찰하러 나왔다. 물론 게이스케를 비롯한 상점가 사람들이 압력을 넣었기 때문이었다. 의원들은 은어강의 참담한 모습에 목소리를 높여 협력을 약속했다.

하지만……

'내년 현 예산 가운데 하천 청소비를 책정하겠다'고 '약속'하는 것으로 그쳤다.

이 정도로도 한 걸음 전진했다고 할 수는 있다. 하지만 그

'약속'이 실현되는 시기는 일러도 내년 정례 현 회의가 열리는 6월이다. 즉 앞으로 여덟 달 동안 손가락만 빨고 있어야 한다는 뜻이다. 청소 예산이 책정되더라도 업자 선정과 발주를 하는 절차가 남아 있다.

이런저런 일로 1년 이상 소요되어야 겨우 청소를 시작할 수 있다. 물론 협력하기로 한 '약속'이 현 의회를 통과하지 못한다면 아무것도 달라지지 않을 것이다.

꾸벅꾸벅 졸음이 몰려오는 따스한 일요일 오후.

준코와 게이스케는 데이트 장소로는 어울리지 않는 지저분한 은어강을 내려다보고 있다.

"그래도 다행이네요."

게이스케가 툭 내뱉자, 준코가 정색하며 대꾸했다.

"뭐가 다행이에요? 실망인걸요."

"아, 미안해요."

당황한 게이스케가 사과했다.

"아니요, 게이스케 씨를 말하는 게 아니에요. 현 의회 의원들이 실망스럽다는 말이에요. 3월이 되면 봄장마가 오고, 6월이 되면 진짜 장마가 닥치고, 8월이 되면 태풍이 몰려올 거예요. 이대로 가만있으면 폐기물이 점점 강 하구로 흘러가서 바다로 빠져나가겠죠."

준코의 걱정은 이미 현실화되고 있었다.

바다는 도시에서 약 10킬로미터 떨어져 있다. 스티로폼이나 페트병 같은 가벼운 쓰레기는 이미 오래전에 바다에 다다랐다.

"사태가 더 심각해지면 다음에는 나라에서 발 벗고 나설 테니 더 좋은 일 아닌가?"

게이스케가 농담처럼 말하자, 준코는 짜증 섞인 눈빛으로 게이스케를 흘겨봤다.

"아, 미안해요."

"아니요, 게이스케 씨가 열심히 하고 있다는 사실을 잘 알면서……. 제가 왠지 예민해진 것 같아요. 저야말로 미안해요."

게이스케는 속으로 '나도 뭔가 기분이 좋지 않아.'라고 생각했다. 하지만 왜 기분이 좋지 않은지, 앞으로 어떻게 하면 좋을지 자신도 알 수 없었다.

현 의회가 무거운 엉덩이를 움직이기 시작했다. 그것은 상점가 사람들을 대표해서 게이스케가 행정기관에 민원을 넣은 성과임에 틀림없다.

'내가 지금까지 무엇을 해 왔지? 앞으로 무엇을 하면 나 자신도 기분이 좋아질까?'

누가 버렸는지 모를 자전거가 더러운 강물에 뒷바퀴를 담그고 있었다. 자전거 안장 위에 잠자리가 조용히 앉았다.

상점가 모든 사람들이 게이스케에게 기대를 걸고 있었다.

그뿐만이 아니다. 무엇보다 준코의 기대가 게이스케에게는 가장 큰 부담이었다.

사실 누군가에게 기대고 싶은 건 게이스케였다. 그래서 머릿속에 떠오른 사람이 가토리 겐고였다.

'그분이라면 지금 이 상황에서 뭐라고 얘기해 줄까? 편지는 보냈는데 답장이 전혀 없네.'

그러던 어느 날이었다.

게이스케는 쇼헤이와 함께 자동차를 타고 영업에 나선 참이었다.

"아, 잠깐 멈춰 봐!"

게이스케가 갑작스레 외치는 바람에 쇼헤이는 급브레이크를 밟았다.

"왜 그러세요, 팀장님! 위험했다고요. 저도 모르게 급브레이크를 밟아서……."

게이스케는 쇼헤이의 말도 들리지 않는 듯 잽싸게 자동차에서 뛰쳐나갔다.

그곳은 공원이었다. 그렇다. 가토리 겐고가 쓰레기를 줍던 공원이었다.

게이스케는 공원의 우거진 수풀 사이로 깊숙이 들어갔다.

'방금 본 뒷모습, 그 노인이랑 닮았는데…….'

자동차에서 가토리 겐고와 꼭 닮은 뒷모습을 보았던 것이다. 그러나 아무리 둘러봐도 노인을 찾아 낼 수 없었다.

'항상 그 노인 생각만 하다 보니 헛것을 봤나…….'

게이스케가 한숨을 쉬며 자동차로 돌아오자, 쇼헤이가 걱정스러운 얼굴로 게이스케를 쳐다보았다.

"괜찮으세요? 무슨 일 있어요? 오늘 좀 이상해요, 팀장님."

"아냐, 아무것도."

"아무것도 아닌 게 아닌 것 같아요."

"아무것도 아니라니까. 얼른 출발해."

쇼헤이는 불만 섞인 표정으로 액셀을 밟았다.

우거진 수풀 사이에 숨어서, 멀어져 가는 자동차의 궤적을 눈으로 쫓는 한 노인의 존재를 두 사람은 알아차리지 못했다.

5

상점가 청소가 가장 활발해지는 계절이 돌아왔다. 단풍잎이 떨어지는 11월 말이었다.

상점가에는 길을 따라 은행나무가 심겨져 있다. 은행잎이 샛노랗게 물들면 감탄이 절로 나올 만큼 아름답다.

아름다운 것에는 독이 있는 법……. 그 아름다운 은행잎도 길거리에 떨어지면 '쓰레기'로 변한다. 나무마다 은행 열매도 열린다. 지나는 사람들이 나무를 흔들어서 은행 열매를 떨어뜨려 주워 간다. 하지만 떨어진 열매를 모두 주워 가는 것은 아니다.

그래서 아스팔트 위에는 항상 은행 열매가 수두룩하다.

자동차가 땅에 떨어진 열매를 찌부러뜨리고 지나간다.

그러면 주위에는 금세 은행 열매 특유의 고약한 냄새가 퍼져 나간다.

그런 사태에 이르지 않도록 '상점가 클린업 작전'의 멤버들은 은행 열매가 떨어지는 족족 열심히 치웠다.

와카바 유치원에는 은행잎뿐 아니라 붉게 물든 벚나무 이파리도 떨어졌다. 단풍잎은 바람에 날려서 놀이터 구석에 산을 이루었다.

상점가 사람들이 유치원 부지 안에 들어와서까지 청소해 줄 수는 없었다. 그래서 유치원 원장을 비롯한 교사들이 평소보다 30분 일찍 출근해서 낙엽을 쓸어 담았다.

하지만 바람이 세게 부는 날에는 별 소용이 없었다. 한 시간만 지나면 놀이터 바닥에 다시 새로운 낙엽이 산처럼 쌓였기 때문이다.

"쓸어도 쓸어도 끝이 없어."

이것이 유치원 교사들의 말버릇이었다.

준코는 버튼 하나만 눌러서 단풍잎을 한꺼번에 떨어뜨릴 수

있으면 좋겠다고 상상하기도 했다. 그러면 청소를 딱 한 번만
해도 될 텐데…….

와카바 유치원에서는 하원할 때 통학 버스로 가는 아이도 있
고, 부모나 할머니가 올 때까지 유치원에서 기다리는 아이도
있다.

버스는 제때에 출발하지만, 부모님의 사정에 따라 유치원에
서 대기하는 아이도 있다. "죄송합니다만, 오늘 아이를 데리러
가는 시간이 좀 늦어질 것 같아요." 하며 전화를 걸어오는 경우
가 자주 있다.

게이스케는 아이들이 모두 집에 돌아갔을 거라 생각하고 유
치원을 찾았다. 역시 유치원에는 준코가 있었다.

"게이스케 씨, 잠깐만 기다려 주세요."

"네?"

"류의 어머니가 조금 늦으신다고 연락이 왔거든요."

류는 놀이터 구석에 혼자 쭈그려 앉아 뭔가를 하고 있었다.

"그렇군요. 저는 오늘 현 의회에 한 번 더 갔다 왔어요. '은
어강 청소 예산'을 올해 추경예산으로 확보해 달라고 진정하

고 왔어요."

"수고하셨어요."

"상점가의 모든 분들이 기대하고 있으니까 열심히 해야죠.
그런데 솔직히 관청이나 의원님들과는 말이 잘 안 통해요."

"선생니~임."

준코가 뒤돌아보자, 류가 후다닥 뛰어오고 있었다.

"선생님, 이거 보세요!"

류는 양손을 좍 펼쳤다. 류의 손바닥 위에는 노랗게 물든 은
행잎이 잔뜩 놓여 있었다.

"이게 뭐니, 류? 은행잎을 모으고 있었어?"

"아니요, 모은 게 아니라 주운 거예요."

이 말을 들은 게이스케는 '또 시작이군' 싶어서 쓴웃음을 지
었다.

이 아이는 정말 말대꾸를 잘한다. 이쪽에서 이런 얘기를 하
면, 이 아이는 또 다른 얘기를 한다.

처음 만났을 때도 그랬다. 다섯 개의 사과 중 하나를 먹으면
다섯 개가 남는다고 우겼다. 배 속에 사과 한 개가 있기 때문
이란다. 그렇게 '어른을 놀리는 듯한 말투'가 어지간히 당황스

러웠다.

　준코가 말했다.

　"류, 땅에 떨어진 은행잎을 주워서 뭐 하려고? 어디 쓸 데라
도 있니?"

　유치원 선생님은 정말 인내심이 강하다. 감탄스럽다.

　"아니요. 그냥 떨어져 있으니까 주운 거예요. 선생님들이 매
일 청소하잖아요. 우리 유치원이니까 저도 청소한 거예요."

　"어머, 고마워. 류가 낙엽 청소를 도와준 거구나!"

　"네! 맞아요!"

　"그렇구나. 자, 이제 쓰레기통에 버리렴."

　"네. 저 많이 주웠죠?"

　"그래. 대단하구나."

　"이게 다 몇 장일까요?"

　"한번 세어 볼까?"

　"네."

　준코와 류는 소리를 내며 낙엽을 세기 시작했다.

　"하나, 둘, 셋, 넷, 다섯, 여섯…… 스물일곱, 스물여덟."

　"와, 스물여덟 장이다!"

"류, 많이 주웠구나."

역시 유치원이다. 스물여덟이라는 수는 결코 '많다'고 할 수 없는데…….

"류, 이제 곧 엄마가 오시니까 손 씻고 오렴."

"네."

"그래, 착하구나!"

"근데, 선생님. 제가 많이 주웠으니까 청소하는 데 도움이 됐죠?"

"응. 도움이 많이 됐어."

"정말요?"

"정말이고말고."

솔직히 말하자면 '바닷물에 잉크 한 방울 떨어뜨린 것'과 같다. 하지만 준코는 어린아이가 이렇게까지 해 준 것만으로도 무척 기쁜 듯했다.

"있잖아요, 선생님. 낙엽은 전부 몇 장이에요?"

"응? 낙엽이 몇 장이냐고?"

"놀이터에 떨어져 있는 낙엽 말이에요."

"글쎄, 몇 장일까?"

"백 장 정도?"

"음, 더 될 것 같은데."

"천 장 정도?"

"천도 알아? 류, 그렇게 큰 수도 아는구나."

"네, 당연히 알죠. 선생님, 낙엽은 천 장 정도 돼요?"

"아니, 더 많아."

"더 많다니, 얼마나요?"

"글쎄, 엄청 많지."

어린아이가 상상할 수 없는 수를 말해 봤자 아무 소용없을 것이다. 게다가 준코 자신도 놀이터 여기저기에 산처럼 쌓여 있는 낙엽이 대체 몇 장인지 생각해 본 적도 없다. 오천 장 정도나 될까? 아니, 이삼만 장 정도일지도 모른다.

"선생님, 이상해요."

"뭐가 이상해?"

"아까 선생님은 제가 주운 낙엽을 '많다'고 했잖아요."

"그랬지."

"제가 주운 낙엽의 수도 '많다'면서, 놀이터에 떨어진 낙엽의 수도 '많다'고요?"

게이스케는 '또 시작이다' 하고 생각하며 슬며시 웃는 얼굴로 두 사람의 대화를 들었다.

"미안, 류. 선생님이 잘못 말했어. 류가 주운 낙엽은 스물여 덟 장이야. 그리고 놀이터에 떨어진 낙엽은 '셀 수 없을 만큼 많 다'는 뜻으로 '많다'고 한 거야."

"아, 그렇구나. 알았어요!"

"그래, 이해해 줘서 고마워."

"그럼 이렇게 되겠네요, 선생님."

"뭐가?"

"제가 스물여덟 장 주웠으니까 나머지 낙엽은 '많다' 빼기 '이 십팔'이네요!"

"아, 그렇게 되지!"

"그럼 내일 또 스물여덟 장 주우면……, 음……, 음…… ."

류는 갑자기 표정이 복잡해지면서 고민에 빠졌다.

"음……, 음……. 이십팔에다가 이십팔을 더하면…… ."

"류, 이십팔 더하기 이십팔은 오십육이야."

"알았다. 내일 스물여덟 장을 주우면 나머지 낙엽은 '많다' 빼 기 '오십육'이에요!"

"그렇구나."

옆에서 듣고 있던 게이스케는 그 순간 등줄기를 타고 전율이 흘렀다.

망치로 뒤통수를 얻어맞은 듯한 느낌이었다.

'나머지 낙엽은 〈많다〉 빼기 〈오십육〉이다!'

그리고 다음 순간, 최근 몇 달 동안 마음속에 품고 있던 '좋지 않은 기분'과 뭐라 표현할 수 없었던 '답답한 마음'이 순식간에 맑아지는 것을 느꼈다. 마치 안개가 걷혀서 먼 산이 보이게 된 것 같은 느낌이었다.

"준코 씨, 갑자기 할 일이 생각났어요. 나중에 얘기해요."

게이스케는 그 말을 남기고 유치원을 빠져나갔다.

"어, 게이스케 씨! 이상한 사람이네. 그치, 류?"

"그래도 저 형아가 좋죠?"

"이 녀석이!"

게이스케는 회사로 뛰어 들어왔다.

"사장님! 사장님! 어디 계세요?"

"뭐야? 나 귀 안 먹었으니까 살살 얘기해."

다나카 사장은 책상 앞에 앉아서 일지를 확인하고 있었다.

"아, 사장님. 요즘 낚시 잘 안 다니시죠?"

"아니, 왜 그런 걸 묻나?"

"전에는 계곡에 낚시하러 자주 다니셨잖아요?"

"응. 근데 최근 한 이삼 년 동안은 잘 안 다녔지."

"그럼 그거, 가지고 계세요? 그거?"

게이스케는 그렇게 물으며 자신의 바지를 허리 위로 쑥 잡아
당겼다.

"그거라니?"

"그러니까, 이름은 잘 모르겠는데요. 강물에 들어가서 낚시
할 때 입는, 고무로 된 바지 비슷한 거요."

"아아, 웨이더 말하는 건가? 가슴 아래까지 올라오는 고무
바지 말이지?"

"네, 네. 그거 맞아요. 그것 좀 빌려 주실래요?"

"왜? 자네도 낚시하려고?"

"아뇨, 그건 아닌데……. 어쨌든 빌려 주실 거예요, 안 빌려

주실 거예요?"

"어차피 난 사용 안 하니까 빌려 가든 말든 상관없어."

"고맙습니다. 어디 있어요?"

"뭐야? 지금 당장?"

"네."

"희한한 놈."

다나카 사장은 사무실 근처에 있는 집에서 웨이더를 들고 왔다.

"자, 여기 있어. 험하게 쓰지 마."

"글쎄요……."

"글쎄요라니?"

"아뇨, 조심히 쓸게요. 근데 좀 지저분해질지도 몰라요. 앗, 벌써 다섯 시 반이다. 오늘은 먼저 퇴근하겠습니다. 수고하셨습니다!"

게이스케는 그렇게 외치고 밖으로 뛰쳐나갔다.

6

다음 날 아침, '상점가 청소 활동'에 게이스케가 모습을 드러내지 않았다.

"어라?"

쇼헤이는 '상점가 클린업 작전'의 멤버들에게 물어봤지만, 게이스케가 어디 갔는지 아는 사람은 아무도 없었다.

"희한하네."

쇼헤이가 '희한하다'고 생각한 이유가 있었다. 아침 청소를 시작한 이래 게이스케는 단 한 번도 빠진 적이 없었기 때문이다. 아마 '상점가 클린업 작전'의 실행위원장이라는 책임감 때문이었을 것이다.

"진짜 희한하네, 희한해."

그때 준코가 나타났다.

"아, 준코 선생님. 안녕하세요."

"안녕하세요, 쇼헤이 씨."

"혹시 저희 팀장님 못 보셨어요?"

"아뇨, 못 봤는데요. 왜요?"

"글쎄, 오늘따라 모습이 안 보이시네요."

"그래요? 이상하네요."

준코의 표정이 살짝 어두워졌다.

"팀장님이 어디 아프신 걸까요?"

"감기에 걸린 거 아닐까요? 하지만 어제 저녁에는 좋아 보였어요."

"네, 분명히 별일 없었는데요."

"……."

"아, 죄송해요, 준코 선생님. 쓸데없는 걱정을 끼쳐 드려서……."

"아니에요. 혹시 회사에도 출근 안 하면 저한테 알려 주실래요?"

"네, 그럴게요."

쇼헤이는 걱정스러워하는 준코의 옆얼굴을 보면서, 자신의 마음에도 먹구름이 끼는 것을 느꼈다.

잠시 후 게이스케가 평상시처럼 출근했다. 쇼헤이가 게이스케에게 말했다.

"안녕하세요, 팀장님. 오늘 아침에 무슨 일 있으셨어요?"

"무슨 일이라니?"

"청소할 때 안 나오셨잖아요."

"아아……."

"뭘 모른 척하세요?"

"별일 아냐. 내가 없어도 특별히 문제될 거 없었지?"

"문제 많죠. 팀장님이 모든 상가 사람들의 대표잖아요."

"……."

게이스케는 아무런 대답도 하지 않고, 평소처럼 무표정하게 업무를 시작했다.

쇼헤이는 게이스케의 눈동자가 왠지 험상궂게 느껴졌다.

다음 날도, 그 다음 날도 게이스케는 아침 청소에 나오지 않았다.

쇼헤이가 게이스케에게 이유를 꼬치꼬치 물어봤지만 게이스케는 대답해 주지 않았다.

게이스케가 청소에 결석한 지 나흘째 되는 날이었다. 평소보다 조금 일찍 회사에 도착한 쇼헤이는 게이스케가 유치원 뒤쪽으로 걸어가는 모습을 발견했다.

'뭐야, 청소 활동에도 안 나오고 어디 가시려는 거야?'

쇼헤이는 게이스케의 뒤를 몰래 쫓아갔다.

'어라, 어디로 사라졌지?'

분명히 강 쪽으로 가고 있었는데, 게이스케의 모습이 보이지 않았다.

쇼헤이는 어슬렁대며 주변을 살폈다.

은어강을 내려다봤더니, 그곳에 쓰레기와 격투를 벌이는 게이스케가 있었다.

게이스케는 허리 위까지 올라오는 '고무 자루' 같은 옷을 입고 은어강에 서 있었다.

'어? 팀장님이 왜 저기 계시지?'

쇼헤이는 소리를 질렀다.

"팀장님! 지금 뭐 하세요?"

그때 마침 게이스케는 반쯤 물에 잠긴 자전거를 잡고 힘껏 끌어내려던 참이었다.

"어?"

쇼헤이의 목소리에 뒤돌아본 게이스케의 몸이 물속에서 휘청

했다.

"위험해요, 팀장님!"

게이스케는 겨우 중심을 잡고 섰다. 그리고 쇼헤이에게
말했다.

"보면 알잖아. 강에 있는 쓰레기를 치우고 있어."

"무슨 소리예요? 그런 구정물 안에서……. 미쳤어요?"

"그래. 아마 조금 미쳤나 봐."

게이스케는 그렇게 말하며 자전거의 안장을 잡고 휙 들어 올
렸다.

"정신 차리세요, 팀장님. 그런 일을 해 봤자 달라지는 건 아
무것도 없어요."

"글쎄……."

쇼헤이는 화가 났다.

"이건 상점가 청소하는 거랑은 차원이 달라요. 뉴스에도 나
왔는데, 이 강에 있는 쓰레기의 양이 상류에서 하류까지 합치
면 수백 톤이나 된대요. 수백 톤이란 게 얼마나 많은 양인지는
짐작도 잘 안 가지만, 눈에 보이는 쓰레기만 해도 엄청나잖아
요. 이건 한 사람이 열심히 한다고 해서 치울 수 있는 양이 아

니에요."

아래쪽에서 희미하게 대답이 들려왔다.

"응, 그건 나도 알아."

"알면서 왜……."

7

한 시간 후.

그날은 아침 일찍부터 단골 거래처와 미팅이 있었기 때문에, 게이스케와 쇼헤이가 함께 외근을 나갔다.

쇼헤이는 미팅이 끝날 때까지 업무에 관한 이야기 외에는 한 마디도 하지 않았다. 점심을 먹으러 식당에 들어갔을 때 비로소 게이스케에게 말을 꺼냈다.

"팀장님, 섭섭해요."

"응?"

"그건 분명 바보 같은 짓이에요. 몇 백 톤이나 되는 쓰레기를 사람의 손으로 치우겠다는 거 말이에요. 지금까지 우리는 함께 였잖아요. 아무리 바보 같은 짓이라고 해도 저한테만큼은 얘기해 주셨어야죠. 팀장님이 하시는 일이라면 저도 같이 할 거라고요!"

"쇼헤이……."

게이스케는 감격에 겨워 말을 이을 수 없었다.

"고마워."

"……."

"우리 같이 할까?"

"당연한 거 아닙니까!"

"그래, 고마워."

"그럼 저도 그 고무 자루 같은 옷을 어디서 구해 와야겠네요."

게이스케는 자신이 왜 이런 바보 같은 일에 매달리는지 쇼헤이에게 설명하기 시작했다.

게이스케는 혼자서 은어강의 쓰레기를 치울 작정이었다. 그것이 '끝이 보이지 않는 무모한 행동'임을 게이스케는 잘 알고 있었다. '바닷물에 잉크 한 방울 떨어뜨리는 것'과 같다고 까지 생각했다.

게이스케는 지금까지 쭉 '자신의 무능력'을 괴로워했다. '상점가 클린업 작전'이 제대로 실행되는 것도 우연에 불과하다고 생각했다.

처음부터 '청소를 하면 매출이 오를까?', '돈이 들어올까?'란 주제를 단순히 실험하기 위해서 사무실과 회사 주변을 청소하기 시작했을 따름이었다.

그 모습을 본 주변 후배, 상점가 사람들이 게이스케를 따라 청소하고 있을 뿐이다.

게이스케는 주변 사람들이 자신을 '과대평가'하고 있다고 생각했다.

그 과대평가 덕분에, 아니 그 과대평가 탓에 게이스케는 '상점가 클린업 작전'의 '실행위원장'으로 추대되었다. 그 기세를 몰아서, 아니 어쩌다 보니 '은어강 문제'에 관한 행정기관과의 교섭 대표까지 맡고 말았다.

하지만 이제 한계였다.

원래 사람을 모으거나 사람을 움직이는 일에 서투른 게이스케가 '행정기관'을 움직이려니 힘들 수밖에 없었다.

그런 답답한 마음에 한 줄기 희망의 빛을 비춰 준 사람이 바로 한 유치원생이었다.

류라는 조금 별난 다섯 살배기 아이를 만나면서 '삶의 힌트'를 얻은 것이다.

'동물도감의 그림을 전부 그린 일'은 충격이었다.

웬만한 어른도 끝까지 해내기 어려운 일이었다. 그런데 아이는 그저 '동물이 전부 좋다'는 이유 하나만으로 모든 동물을 고스란히 베껴서 그려 냈다.

게이스케는 그런 류를 보고 등줄기에 전율이 흘렀다. 그때는 왜 전율이 흘렀는지 몰랐지만, 지금 생각해 보니 류의 행동에서 '커다란 깨달음'을 발견했기 때문이다.

아무리 커다란 문제라도 꾸준히 노력하다 보면 결국 해결되기 마련이다.

사람은 커다란 문제에 부딪히면 겁을 집어먹고 만다. '나는 도저히 할 수 없어' 하며 의기소침해지고 만다. 시도해 보려는 의욕조차 일어나지 않게 된다.

문자 그대로 '해 보기도 전에 포기하는' 셈이다.

하지만 이제 깨달았다.

나머지 낙엽은 '많다' 빼기 '이십팔'.

문제는 크고 '많다.' 하지만 그 많은 문제가 너무 커다랗더라도 '무한대'는 결코 아니다. 한정된 범위 안에서 '많을' 뿐이다.

'많다'에서 '이십팔'을 빼면 나머지는 확실히 이십팔만큼 줄어든다.

문제가 너무 크다고 생각한 탓에 그런 당연한 계산법이 보이지 않았던 것이다.

그 '많다'가 터무니없이 큰 존재라 하더라도, 1만, 10만…… 혹은 1억이라 하더라도, 1억에서 1을 빼면 나머지는 틀림없이 99,999,999가 된다. 1억에서 2를 빼면 나머지는 틀림없이 99,999,998이 된다.

이것저것 따지기 전에 '우선 나부터 행동해야 한다.'

누가 했는지, 누구의 책임인지, 누가 해야 하는지, 누구에게 부탁해야 하는지……. 그런 것들을 따지려 하기보다 '우선 나부터 행동해야 한다.'

그것이 가장 중요한 게 아닐까?

조그만 한 걸음이지만 '결코 제로는 아니다.' 그것만큼은 확실하다.

아무리 그 한 걸음이 남에게는 '어리석은 일'처럼 보일지라도…….

게이스케는 이러한 자신의 생각을 쇼헤이에게 열심히 설명했다.

쇼헤이도 눈동자를 반짝이며 게이스케의 말에 귀를 기울였다. 그러고는 게이스케의 열정에 화답이라도 하는 듯 진지한 표정으로 자신의 이야기를 시작했다.

"조금 쑥스러워서 아직 다른 사람에게는 한 번도 얘기한 적 없는데요……."

"무슨 얘긴데?"

"사실 저는 상점가 청소를 시작했을 때 처음에는 '청소를 해준다'는 기분이었어요. 저랑은 관계없는 일이지만 누군가를 위해 청소해 준다는 느낌이었죠. 그런데 청소를 꾸준히 하다 보니, 참으로 희한한 마음이 되더라고요. 좀 고리타분하게 들리실지는 몰라도, 어느샌가 '나를 위해 청소한다'는 마음으로 바

뀐 거예요. 이해가 되세요, 팀장님?"

쇼헤이의 말을 들은 게이스케는 확신이 들었다. **'남을 위해 청소하는 것'이 아니라 '나를 위해 청소하는 것'이라고.**

"회사 사무실을 청소할 때는 다 돈 버는 일의 일부라고 생각했어요. 만약 월급을 안 주면 당연히 청소도 안 했겠지요. 하지만 상점가 청소를 할 때는 아무도 돈을 주지 않아요. 봉사 활동이니까요. 그래서 저는 대체 무엇 때문에 상점가 청소를 해야 할까 고민했어요. 생각해 보니, 상점가를 찾는 손님이 '길거리가 깨끗하네요!', '여기 오길 잘했다!' 하고 말하시는 걸 들으면 무척 기쁘더라고요. **손님의 웃는 얼굴을 보는 것이 저의 힘이 되는 셈이죠. 다시 말해 '남을 위해 청소하는 것'은 결국 '자신을 위해 청소하는 것'과 마찬가지예요.** 아직 잘 모르겠지만요, 그렇다고 돈 때문은 아니에요. 청소를 한 뒤에는 왠지 무척 기분이 좋아요. 청소를 꾸준히 하다 보니 제 마음속까지 청소가 되는 것 같다고 할까, 어쨌든 엄청 기분이 좋아요. 자랑스러운 기분도 들고요. 예전의 나와는 확실히 달라진 것 같기도 하고요. 그러니 결국 저 자신을 위해서 청소하는 셈이에요."

"그래, 맞아, 쇼헤이. 그 기분 이해해."

"그러니까, 팀장님. 청소는 남을 위해 하는 것이 아니라 나를 위해 하는 것이라고 생각해요."

"맞는 말이야."

게이스케는 마음속의 답답한 안개가 쇼헤이의 이야기로 인해 깨끗하게 걷히는 듯한 느낌이 들었다. 그 덕분에 마음속 깊숙이에서 힘이 솟아나는 것을 느꼈다.

'많다' 가 터무니없이 크더라도,

1만, 10만, 혹은 1억이라 하더라도,

1억에서 1을 빼면

나머지는 틀림없이 99,999,999가 된다.

이것저것 따지기 전에

'우선 나부터 행동해야 한다.

누가 했는지, 누구의 책임인지,

누가 해야 하는지,

누구에게 부탁해야 하는지…….

그런 것들을 따지기 전에 말이다.'

매일 청소 습관이
인생을 바꾼다

'손님의 웃는 얼굴을 보는 것이

저의 힘이 되는 셈' 이에요.

다시 말해 '남을 위해 청소하는 것'은

결국 '자신을 위해

청소하는 것' 과 같아요.

8

    다음 날 아침부터 게이스케와 쇼헤이는 한 시간 일찍 일어나서 함께 '은어강 청소'를 시작했다. 다행히 요즘에는 맑은 날씨가 계속되어서 강물의 수량이 줄어든 참이었다.

    두 사람은 얕아진 강물 표면의 여기저기에서 모습을 드러낸 널빤지, 타일, 비닐시트 등을 함께 주웠다. 강 표면에서 도로까지의 높이는 보통 사람 키의 두 배쯤 된다. 그래서 사다리를 타고 오르내리는 작업은 더욱 힘들었다. 게다가 겨울을 눈앞에 둔 터라 수온이 매우 낮았다. 웨이더를 통해 느껴지는 한기가 뼛속까지 시리게 했다. 두 사람이 아무리 열심히 해도 한 시간 남짓한 시간에 주울 수 있는 쓰레기의 양은 그리 많지 않았다.

    스스로 선택한 일이지만, '바닷물에 잉크 한 방울 떨어뜨리는 일'임을 인정해야만 했다.

    하지만 '많다'가 터무니없이 크더라도, 1억에서 1을 빼면 나머지는 틀림없이 99,999,999가 된다. 그렇게 믿고 청소를 계속할 따름이었다.

'시궁창'에 들어간 지 7일째 되는 날 아침.

두 사람이 강물에 둥둥 떠 있는 커다란 함석판을 들어 올리려고 할 때였다.

"뭐 하시는 거예요?"

큰 소리가 들려온 도로 쪽을 올려다보니, 노란색 재킷을 입은 서른 명 정도의 사람들이 게이스케와 쇼헤이를 의아하게 바라보고 있었다.

사람들은 강을 따라 설치된 허리 높이의 안전펜스 뒤에 주르르 늘어서 있었다. 마치 전깃줄에 나란히 앉은 참새들 같았다.

게이스케와 쇼헤이에게 큰 소리로 질문한 사람은 상점가의 술집 주인이었다.

어쩔 줄 몰라 하는 게이스케를 대신해서 쇼헤이가 대답했다.

"우리가 여기서 야구라도 하고 있는 것 같아요?"

익살스러운 대답에 모두가 크게 웃었다.

"섭섭하다. 우리만 빼놓고."

"섭섭해요!"

"맞아, 맞아. 너무하는군!"

누가 먼저랄 것도 없이 입을 모아 외쳤다.

그 사람들 중에 준코도 있었다.

준코는 게이스케와 쇼헤이가 최근 1주일 동안 상점가 청소에 모습을 드러내지 않았다는 사실을 알고 있었다. 이틀 전에도 게이스케에게 지나가는 말투로 물어봤지만, 게이스케는 얼버무리기만 했다.

이상하다고 생각하던 준코는 방금 전에야 유치원 뒤쪽 강에서 게이스케를 발견했고, 부랴부랴 청소 멤버들에게 그 사실을 알린 다음 이렇게 모두를 데리고 온 것이다.

준코가 다리를 올려서 펜스를 훌쩍 넘었다.

누가 말릴 틈도 없이 준코는 사다리를 타고 척척 내려가더니, 사다리 중간에서 강가로 휙 뛰어내렸다. 물론 청소할 준비는 아무것도 되어 있지 않았다.

깨끗한 하얀 운동화와 펭귄 캐릭터가 그려진 청바지가 순식간에 '구정물'에 잠겼다.

"아앗."

한숨과 비슷한 비명이 울려 퍼졌다.

준코가 웃으며 말했다.

"저도 같이 도울게요."

"……."

게이스케와 쇼헤이는 멍하니 서 있었다. 쇼헤이는 뺨에서 눈
물이 흐르는 걸 느꼈다.

다음 순간, 노란 재킷을 입은 사람들이 차례차례 강으로 내
려오기 시작했다.

"여러분, 그러지 마세요! 옷이 지저분해져요!"

게이스케가 외쳤다.

"게이스케, 청소할 때 옷이 지저분해지는 건 당연하잖아!"

"지저분해지는 게 싫으면 청소를 어떻게 하냐!"

"말도 안 되는 소리!"

모두 그렇게 강으로 내려왔다.

쇼헤이가 게이스케를 돌아보자, 게이스케의 뜨거워진 눈시울
에서도 하염없이 눈물이 흐르고 있었다.

준코는 게이스케와 쇼헤이의 손에 들린 함석판 끝을 잡았다.
세 명이 함께 들어 올린 함석판은 생각보다 가볍게 느껴졌
다.

그렇게 해서 '은어강 모임'이 결성되었다. 은어강의 쓰레기를

치우는 지역사회 모임이었다.

　매일 오전 7시부터 8시까지, 그리고 토요일, 일요일과 상점
가 휴일인 수요일에는 오전 7시부터 오후 9시까지 은어강 청소
를 실시했다.

　청소 시간대에 참가할 수 있는 사람들이 자신의 형편에 따라
자유롭게 모여서 은어강의 쓰레기를 주웠다.

　참가하는 사람들의 범위는 상점가 사람들뿐 아니라 인근 학
교 학부모회, 노인회, 어린이회 등으로도 확장되었다.

　그로부터 한 달이 지나고 크리스마스가 다가올 때쯤, 평일에
는 백 명, 주말에는 삼백 명 정도의 사람들이 청소 활동에 참여
했다.

　문제는 수거한 폐기물을 처분하는 방법이었다.

　처음에는 강에서 자전거를 주우면 상점가의 자전거 가게에서
자비를 들여 처분해 주었다. 컴퓨터나 선풍기는 상점가의 가전
제품 가게에서 자비로 처분했다. 하지만 폐기물 양이 많아지자
이 방법은 한계에 부딪혔다.

　강가를 따라 쌓인 폐기물 더미는 날이 갈수록 높아져만

갔다.

그때 기쁜 소식이 날아들었다.

'은어강 모임'의 활동이 지역 텔레비전 방송을 통해 보도되자, 대형 운송 회사와 대형 건설 회사가 '사회 공헌 활동'의 일환으로 협력해 주겠다고 연락이 온 것이다. 덕분에 폐기물 운송과 처분 문제가 한꺼번에 해결되었다.

탄력을 받은 '은어강 모임'의 사람들은 인근 도시의 농업단지까지 청소를 하러 갔다. 농업단지 부근의 주민들도 모른 척할 수가 없어서, 언제 끝날지 모를 긴 싸움에 합세했다.

급기야 이러한 '은어강 모임'의 활동이 뉴스를 통해 전국적으로 보도되기에 이르렀다.

뉴스에서는 '돈키호테의 싸움'이라고 부르며 주민들을 칭찬했지만, 무모한 활동이라고 우려를 표하기도 했다.

하지만 이 뉴스 보도가 새로운 전개를 불러왔다. '한신 대지진'이나 '나훗카호 기름 유출 사고' 때처럼 전국에서 자원봉사자가 몰려온 것이다. 자원봉사자의 수는 나날이 증가해서, 많은 날에는 1,000명이 넘었다.

지역 주민들은 자원봉사자의 숙박과 식사를 해결해 주기 위해 분주해졌다.

준코는 날마다 자원봉사자의 식사용 주먹밥을 만드느라 바빴다.

그리고 봄이 찾아왔다.

게이스케와 쇼헤이가 강으로 내려가 청소를 시작한 지 석 달이 지났다.

벚꽃이 필 무렵, 농업단지에서 강 하구까지 흩어져 있던 산업폐기물은 모두 자취를 감췄다.

다들 '기적'이라고 말했다.

'은어강 모임'이라는 이름 그대로 '강에서 은어가 뛰놀게 하자'고 사람들은 입을 모았고, 지역사회의 초등학교, 중학교가 중심이 되어 '은어 치어 방류' 행사를 실시했다.

9

와카바 유치원의 졸업식이 얼마 남지 않은 봄날 저녁.

게이스케가 준코를 만나러 유치원을 찾아왔다. 마침 류가 혼자 그림을 그리고 있었다.

'이번에는 뭘 그리고 있을까?'

게이스케는 스케치북을 들여다보면서 준코에게 말을 걸었다.

"류 엄마가 또 늦게 오시나 봐요?"

"네, 그래요. 오늘은 어머니가 바쁘셔서 대신 다른 가족분이 오신다고 했어요. 그런데 삼십 분이나 지났는데도 안 오시니 난감하네요. 어머니한테도 연락이 안 되고."

"그래요? 마침 잘됐네요."

"왜요?"

"아, 류한테 고맙다는 인사를 제대로 하고 싶어서요."

게이스케는 그림 그리기에 열중인 류 앞에 무릎을 꿇고 앉았다.

"류, 고마워."

게이스케는 온화한 표정으로 말했다. 류는 물끄러미 게이스케를 쳐다보았다.

"넌 아마 모를 거야. 형아는 네 덕을 많이 봤어. 너한테서 많은 것을 배웠거든."

"어머, 오셨네! 류, 이제 집에 가자!"

유치원 앞에 자동차 한 대가 섰다.

문이 열리고 한 노인이 차에서 내리더니 입구 쪽으로 걸어왔다.

게이스케는 창문을 통해 노인의 모습을 보고, 온몸에 전기가 통하는 느낌을 받았다.

노인이 유리문을 열고 유치원 안쪽으로 얼굴을 들이밀었다.

노인을 본 류가 손에 쥔 크레파스를 휙 던지고 노인의 품으로 와락 달려들었다.

"할아버지!"

"하하, 류. 오래 기다렸지?"

"많이 기다렸어."

"미안, 미안. 일이 늦어져서. 대신 오늘 밤에는 맛있는 거 먹으러 가자."

"와, 정말?"

"할아버지가 거짓말하는 거 봤어?"

"야호!"

노인의 얼굴을 바라보던 게이스케가 "당신은……." 하며 말끝을 흐렸다.

노인은 활짝 웃으며 대답했다.

"오호, 젊은이. 잘 지냈는가?"

"네, 오랜만에 뵙습니다."

두 사람이 대화하는 모습을 보고 준코가 끼어들었다.

"어머, 두 분 서로 아는 사이세요?"

"아, 바로 그분이세요. 제가 항상 얘기하던 분이요. 호텔 체인의 가토리 겐고 회장님이세요."

"네? 설마?"

"저도 안 믿겨져요. 설마 류의 할아버지이실 거라고는……."

"그러고 보니 류의 어머니가 호텔에서 일하신다고 들은 적이 있어요."

"음, 잠깐만요, 가토리 씨."

게이스케는 혼란스러운 머리를 감싸 쥐고 물었다.

"뭔가?"

"혹시……."

"응?"

"혹시……."

"그래. 자네가 보낸 편지는 잘 받았네. 편지 내용도 잘 읽었어. 고맙네."

"그렇다면 설마……."

가토리는 갑자기 큰 소리로 웃기 시작했다.

"와하하하하."

"……."

"하하하."

"……."

"미안하네, 이렇게 웃어서. 하지만 우리 손자 류가 제대로 해낸 모양이군. 다행이군. 참말로 다행이야."

"역시 그렇군요."

"그래, 그렇게 된 거라네. 내가 나설 필요도 없었어. 남달리 아끼는 우리 막내딸의 아이라서, 어찌나 이렇게 귀여운지. 류는 내가 어렸을 때랑 꼭 닮았지 뭔가. 한 가지 일에 빠지면 어야 마는 고집 센 아이지. 하하하하."

"……."

얼떨떨한 게이스케는 그저 듣고만 있었다.

"맞아, '고집' 하면 자네도 만만치 않았지. 내가 한 말을 정말 고집스럽게 따라 주었으니까. 예전에 비하면 아주 겸손해졌어. 예전에는 내 말에 토 달기 일쑤였는데, 하하하하."

"핫, 하하핫, 하하하."

"근데, 자네들 둘."

"네."

준코가 대답했다.

"류한테 들었는데 결혼할 사이라며?"

준코가 양손으로 빨개진 뺨을 감쌌다.

그 모습을 보고 게이스케도 헛기침을 했다.

"만일 괜찮다면 우리 호텔에서 결혼식을 올리게나. 서비스는 최고급으로 해 줌세. 어때? 내 막내딸이 우리 호텔 예식 담당 이거든."

게이스케와 준코는 서로의 눈동자를 들여다보며 고개를 끄

덕였다.

그해 6월.

두 사람은 가토리의 호텔 예식장에서 결혼식을 올렸다.

류를 비롯한 와카바 유치원 아이들은 준코가 입은 새하얀 웨딩드레스의 기나긴 자락을 붙잡고 등장했다.

두 사람은 주례를 따라 결혼 서약을 했다. 하객을 바라보던 게이스케는 맨 뒷좌석에 앉아 있는 가토리를 발견하고 문득 떠오른 그 말을 중얼거렸다.

"게이스케 씨, 아까 무슨 말 했어요?"

아내가 된 준코가 게이스케의 얼굴을 빤히 바라보았다.

"어? 아아, 아무것도 아니에요."

"에이, 뭔가 중얼거리던데."

"아! 들렸어요?"

"네, 들렸어요. 게이스케 씨, 우리 그 말 같이 해 볼까요?"

두 사람은 입을 모아서 또박또박 말했다.

그것이 부부가 되고 나서 처음으로 함께한 일이었다.

"쓰레기를 주워 본 사람만이 알 수 있는 거야."

"후후후."

"하하하."

두 사람은 마주 보고 웃으며, 사람들의 시선을 아랑곳하지 않고 키스를 나누었다.

해설

'깨달음의
한 문장'

어떠셨는가?

일본 최초의 '청소 소설'이 재미있었는지 모르겠다.

이 소설을 통해 독자 여러분에게 전달하고 싶은 것이 많다.

그것들을 **'깨달음의 한 문장'**으로 정리해 보겠다.

소설의 줄거리를 떠올리면서 읽기를 바란다.

제1화
'청소를 하면 돈이 들어옵니까?'에서 배우는
'깨달음의 한 문장'

1. 청소를 하면 이득이 생긴다

게이스케는 노인에게서 **"쓰레기를 주워 본 사람만이 알 수 있는 거라네."**라는 말을 듣는다.

약간 거만한 말투에다, 왠지 깔보는 듯한 느낌이다. 그렇다고 '닥치고 해!'라는 명령조는 또 아니다. '하기 싫으면 하지 마'라고 말하는데 냉정해 보인다. 더 나아가 싫으면 '쓰레기를 줍지 말라'고까지 하는 듯하다.

그런데 왜 게이스케는 빈 캔 하나를 주웠을까?

왜 청소를 시작하게 되었을까?

노인은 "청소를 하면 이득이 생긴다."고 게이스케에게 말해주었다. 그래서 게이스케는 '청소를 하면 어떤 이득이 생길지' 실험하기 위해 청소를 시작했다. '이득'에 끌렸기 때문이다.

인간에게는 '욕구'가 있다. 욕구가 없는 사람은 없다. 그 욕구 자체는 나쁜 것이 아니다. 오히려 '무엇을 하고 싶다'는 욕구가 있기 때문에 무언가를 실현하기 위해 노력할 수 있다.

'욕구'와 비슷한 단어는 '바람'이나 '꿈'이다. '바람'이나 '꿈'은 '무엇이 되고 싶다'는 말이다.

'욕구'는 '바람'이나 '꿈'을 이루기 위한 원동력일지도 모른다.

'이득을 얻고 싶은 것'은 사람으로서 당연한 일이다. 사람은 어떤 행동을 취하든 '손익'을 기준으로 생각하게 마련이다. '이득'이라는 말을 들으면 가장 먼저 '돈'과 연결시켜 생각하게 된

다. 돈은 영향력이 굉장히 크다. 돈을 갖고 싶어 하는 것은 특별히 나쁜 일이 아니다. 하지만 우리들의 마음속에는 알게 모르게 '유교 사상'이 뿌리 깊게 박혀 있어 너무 돈에 얽매이는 것을 천하다고 생각한다.

돈 얘기를 자주 꺼내면 '돈만 밝히는 구두쇠'라는 소리를 들으며 손가락질당하기도 한다. 그렇기 때문에 돈 얘기를 꺼내는 사람이 적은 것이다.

그런데 청소를 하면 분명 '이득이 생긴다.' 많은 것이 손에 들어온다.

처음에는 동기가 불순해도 좋다. 일단 '행동으로 옮기는 것'이 중요하다.

그렇다면 '청소를 하면 반드시 이득이 생긴다'고 믿고, 무작정 청소를 시작해 보는 것은 어떨까?

물론 곧바로 직접 돈이 들어오지는 않을 것이다. 그럼 무엇이 이득이라는 뜻일까? 지금부터 차례차례 살펴보자.

2. 쓰레기 하나를 버리는 사람은 소중한 것 하나를 버리는 사

**람이고, 쓰레기 하나를 줍는 사람은 소중한 것 하나를 줍는
사람이다**

이것은 필자의 '청소 스승'이 가르쳐 준 격언이다.

나의 스승은 1년 동안 10만 개비의 담배꽁초를 주웠다. 매일 300개비씩 주운 셈이다.

75세 때 줍기 시작해서 85세 때 100만 개비 줍기를 달성했다.

버스든 전철이든 어디를 가든 간에 오른손에는 집게, 왼손에는 비닐봉지를 들고 담배꽁초를 주웠다.

그런데 '소중한 것 하나를 줍는다'는 말은 무엇을 뜻할까?

필자는 처음 이 말을 듣고 20년 동안 그 소중한 것이 무엇인지 줄곧 생각했다. 사실 그렇게 오랫동안 생각했는데도 여태껏 이렇다 할 정답을 발견하지 못했다. 오히려 정답 후보에 들 만한 단어가 점점 늘어났다.

'품격', '마음', '배려', '자존심', '고결', '공공심', '도덕심', '혼', '예절'……. 사람에 따라 각자에게 맞는 정답이 따로 있을 것이다. 필자는 그중에서 '신용'이라는 단어를 가장 위에 두고 싶다.

남의 눈앞에서 쓰레기를 휙 던지는 사람을 여러분은 '신용'할 수 있겠는가? 자동차 창문을 내리고 빈 캔을 중앙분리대에 톡 던지는 사람, 담배꽁초를 도로에 버리는 사람……. 그 사람들은 사실 자신의 가장 소중한 재산인 '신용'을 버리는 셈이다.

아무리 돈이 많아도, 아무리 큰 회사의 사장이라도 '빈 캔을 휙 던지는 사람'과는 어울리기 싫어진다. 그런 사람은 옆에 있는 사람의 신용까지 떨어뜨리기 때문이다.

전에 지하철을 탔을 때의 일이다. 빈 주스 캔이 전철 바닥을 데굴데굴 구르고 있었다. 그러자 근처에 있던 젊은 사람이 스스럼없이 허리를 숙여 캔을 줍고는 아무 일 없었다는 듯 다음 역에서 내려서 그 캔을 쓰레기통에 버리고 갔다. 필자의 마음속에서는 저절로 '박수'가 터져 나왔다.

가능하다면 '그 젊은 사람과 친구가 되고 싶다!'라고 생각했다. 단지 캔 하나 주운 것만으로 '전적으로 신용할 수 있는 사람'이 된 것이다.

몇 년 전에 누군가가 "돈으로 살 수 없는 것은 없다."라는 발언을 해서 물의를 일으킨 적이 있다. '돈으로 신용을 산다' 하더라도 '돈으로 산 신용'은 그 돈이 없어지면 함께 사라진다.

게이스케는 청소를 함으로써 '돈으로는 절대 살 수 없는 신용'을 손에 넣었다. 팀원, 사장, 그리고 상점가 사람들까지 게이스케를 믿고 게이스케의 곁으로 몰려들었다.

쓰레기를 버리는 것은 논외로 치더라도, **'쓰레기 하나를 줍는 사람은 소중한 것 하나를 줍는 사람이다.'**라고 생각하면 왠지 설레지 않는가? 당신도 꼭 한번 쓰레기를 주워 보기 바란다.

3. 사람은 남의 등을 보고 움직인다

나의 다른 책『매일 즐거워지는 17가지 이야기』에 실린 에피소드를 들려 드리고 싶다.

나가노 현 오부세 마을을 유명하게 만든 주인공인 세라 마리 커밍스(Sarah Marie Cummings)의 이야기다. 커밍스는 '마스이치이치무라 술도가'의 대표이사로, '태풍의 딸'이라고 불린다. 혈혈단신 미국에서 건너와서 술도가를 재건했을 뿐 아니라, '오부세션'이라는 이벤트로 오부세 마을을 일으켰다. 그 활약상은 이 지면에 다 실을 수 없을 정도다.

필자는 커밍스의 안내로 오부세 마을의 레스토랑, 옛집, 술창고 등을 둘러보고 있었다. 그런데 좀처럼 앞으로 나아갈 수 없었다. 관광객이 혼잡한 탓이 아니었다. 커밍스가 맨 앞에서 한 걸음 걸을 때마다 쓰레기를 줍기 위해 허리를 숙였기 때문이었다. 커밍스는 쓰레기가 보일 때마다 오른쪽으로 사라졌다가 왼쪽으로 종종걸음 치는 등 열심히 쓰레기를 주우며 지그재그로 걸었다.

관광객이 무심코 버린 담배꽁초도 손가락으로 집었다. 장갑도 안 끼고 맨손으로!

'바로 이거야!'

필자는 생각했다. **중요한 것은 '실천'이다.** 먼 나라에서 온 여자가 낯선 마을에서 묵묵히 쓰레기를 줍고 있다. 다음 날에도, 또 다음 날에도. 커밍스를 실천하도록 만든 힘은 '봉사 정신'일 것이다. 봉사란 '보답을 바라지 않는 무상 행위'다.

커밍스는 우리에게 중요한 메시지를 전해 준다. **말뿐만이 아닌, 형식뿐만이 아닌, 순수한 '봉사의 마음'으로 실천하는 사람에게는 아무도 맞설 수 없는 법이다.** 그런 사람에게는 사람들이 따르게 되어 있다.

이 책의 게이스케도 마찬가지였다.

처음에 게이스케는 작업장 청소를 홀로 시작했다. 그 모습을 본 쇼헤이가 게이스케보다 일찍 와서 청소를 끝내 놓게 되었다. 이어서 청소하는 팀원이 세 명으로 늘었다. 그러다가 전 직원으로 확대되었고, 청소 범위도 회사 앞 도로 반경 15미터까지 넓어졌다. 결국에는 상점가 사람들까지 참여해서 '상점가 클린업 작전'으로 연결되었다.

그렇다. 다들 게이스케의 '등'을 바라보고 있었던 것이다. 게이스케는 꾸준히 자기 일을 했을 뿐, '함께 청소하자'고 말하지 않았다. 그저 묵묵히 쓰레기를 주웠을 따름이다. '입으로 말하지 않아도, 등을 통해 말하고 있는 것'이다.

이 점이 포인트이다.

이것은 청소에 한정된 이야기가 아니다. 업무에 한정된 이야기도 아니다. 예를 들어 집에서 아버지가 아침에 일어나서 식구들에게 먼저 "잘 잤어?" 하고 인사한다면, 그 모습을 보고 다른 식구도 자연스럽게 "안녕히 주무셨어요?" 하고 인사하게 된다. "오늘부터 아침에 일어나면 아침 인사를 하자! 규칙이니까 다들 지켜!"라고 강요할 필요가 없다. 아이는 아버지의 '등'을 보고 자란다.

그리고 '하나를 보면 열을 아는 법'이다. 여러분의 행동 하나를 보면 여러분의 모든 행동을 알 수 있다. 여러분은 항상 '누군가의 등'을 보고 그 사람을 흉내 낸다. 반대로 말하면 '여러분의 등'을 누군가가 보고 있다는 뜻이다. 강요하거나 부탁할 필요가 없다.

4. 일은 '눈치'다. 청소는 '눈치'를 배울 수 있는 가장 쉽고 가장 값싼 훈련법이다

일단 게이스케가 노인에게서 배운 것을 되짚어 보자.

'청소를 하면 매출이 오를까? 청소를 하면 돈이 들어올까?'

물론 청소를 했다고 해서 곧바로 매출이 오르지는 않는다. 일단 청소를 하면 더러운 곳을 눈치 챌 수 있다. 그 '눈치'는 일상 업무로 확장된다. 그러면 고객이 자신의 팬이 된다. 그래서 일이 늘어난다. 이것이 회사 전체로 퍼지면 회사의 매출이 올라간다. 마치 '나비 효과'와 같다.

이 책에 등장하는 다나카 사장은 이렇게 말한다.

"어쩌면 모두가 청소를 시작하면서부터 쓰레기 자체를 만들지 않으려는 노력을 하게 된 것은 아닐까 싶어. 쓰레기를 만들면 결국 나중에 자신이 청소해야 한다는 사실을 깨달았기 때문이겠지. 그러니까 처음부터 쓰레기를 만들지 않는 거야. 예를 들어 찢어진 봉투 쪼가리, 스테이플러 심처럼 자잘한 쓰레기는 지금까지 바닥에 그대로 방치해 두었잖아. 그런데 나중에 청소하기가 귀찮다는 사실을 알고는 쓰레기통에 제대로 넣게 된 거지. 복사 용지도 마찬가지야. 용지를 쓸데없이 버리지 않으려고, 복사 오류가 나지 않도록 무의식중에 신경 쓰는 것이 아닐까?"

이것은 틀림없는 '청소의 효과'이다. 누구든지 사무실에서 일하는 사람이라면 스테이플러 심이 바닥에 잔뜩 떨어진다는 사실을 알고 있다. 하지만 스테이플러 심은 정말 줍기 힘들다. 스테이플러 심을 실제로 주워 보지 않으면 그 어려움을 알 수 없다. 특히 카펫 올 사이에 들어간 스테이플러 심을 주우려면 바닥에 딱 달라붙어서 한동안 격투를 벌여야 한다. 끄집어내는 데 펜치가 필요할지도 모른다.

'스테이플러 심'이 꽤 시간을 잡아먹는다는 사실은 이렇게 청소를 해 보아야 눈치 챌 수 있다. 따라서 서류에 스테이플러를 박을 때에는 실패하지 않기 위해 더욱 신중해진다.

복사할 때도 마찬가지다. 그런 '눈치'가 쌓이다 보면 경비 절약으로 이어진다. 물론 '눈치'는 매출에도 영향을 미친다. 고객이 먼저 불만을 터뜨리기 전에는 '고객의 욕구'를 눈치 채기 어렵다. 하지만 청소를 하면 '눈치'가 습관처럼 몸에 배게 된다. 항상 뭔가 눈치 채야 하는 것이 없는지, 안테나를 세우고 생활하게 되는 것이다.

그러면 고객이 무심코 던진 말 한마디에도 예민하게 그 대응 방법을 생각하게 된다.

노인은 이런 이야기를 했다.

"알겠나? 일은 눈치야. 그리고 청소는 '눈치'를 배울 수 있는 가장 쉽고 가장 값싼 훈련법이지."

'눈치 채는' 습관을 익히기 위한 방법이 꼭 청소일 필요는 없다. 하지만 청소는 가장 쉽고, 가장 빠르게 할 수 있고, 돈도 들지 않으며, 무엇보다 다른 사람을 기쁘게 할 수 있다.

5. 청소를 하면 매출이 오른다. 하지만 '매출이 오르기 때문에 쓰레기를 줍는다'고 생각하는 순간 매출은 오르지 않는다

'역이 반드시 참은 아니다'. 즉, 역으로 생각하면 진실이 아닐 수도 있다는 뜻이다. 달걀이 있어서 닭이 있는 것이다. 그럼 반대로 닭이 있어서 달걀이 있는 것일까? 꼭 그렇다고 할 수는 없다.

노인은 이렇게 말한다.

"아차, 한 가지 못 한 말이 있군. 충고 하나 하지. 사실 아까 와 같은 이유로 청소를 하면 매출이 오르는 건 맞네만, 문제는 거기에 있어. '매출이 오르기 때문에 쓰레기를 줍는다'고 생각 하는 순간 매출은 오르지 않아. 이게 또 신기한 점이지. 왜 그 런지는 나도 아직 모르겠어. 하하하."

'청소를 하면 매출이 오른다'. 이 말이 사실이라면 '매출이 오르기 때문에 청소를 한다.'라고 생각해도 같은 효과를 기대할 수 있을 터이다. 하지만 노인은 이것을 부정한다. 왜일까?

세상에는 '1+1=2'와 같은 수학처럼 딱히 정답을 정할 수 없 는 것이 있다. 소설 속의 게이스케처럼 청소를 해서 애인이 생 길 수도 있겠지만, 아무 일도 일어나지 않을 수도 있다.

기대하던 이득이 안 생기면 실망스럽고, 반대로 기대하지 않 던 무언가를 얻으면 기쁘다. 다시 말해 핵심은 '결과를 기대하 느냐 안 하느냐'의 차이다.

예를 들어, '엄마에게서 칭찬받고 싶다'는 동기로 집 청소를 하는 어린이도 있을 것이다. 엄마가 그것을 눈치 채고 "청소 참 잘하는구나." 하고 칭찬해 주면 좋겠지만, 만약 칭찬받지 못한다면……. 그 아이는 청소를 더 이상 하지 않게 될 것이다.

이것을 비즈니스에 대입해서 생각해 보자.

'청소를 하면 손님이 많이 올 것이다'라는 기대를 품고 청소해 본들, 금방 효과가 나타나지는 않는다. 기대한 효과가 바로 나타나지 않으면 금세 포기해 버리기 십상이다.

특히 돈에 관해서는 '일찍 효과가 나타나서 얼른 보상받을 수 있기를 기대하는' 경향이 크다. 따라서 '매출이 오르기 때문에 쓰레기를 줍는다' 하며 보상을 너무 기대하면 일을 그르치게 마련이다.

약간 정신적인 면을 강조한 이야기로 치우쳤는데, 원래 청소에는 합리적이지 않은 부분이 있다고 생각한다. 신은 청소하는 사람을 조용히 지켜보다가 어느 날 갑자기 '짠' 하고 선물을 내려 주신다. '청소를 해서 매출이 올랐다'는 것은 '나비 효과'처럼 빙빙 돌다가 마지막에 나타난 결과일 뿐이다. 결과를 너무 기대하지 말고, '어떤 선물을 내려 주실까?' 하는 정도의 설렘만

품고 있는 편이 낫다고 생각한다.

　그러한 '설레는 마음'이 더 좋은 결과를 가져다줄지도 모른다.

　대부분의 사람은 성인군자가 아니다. 욕심이 나는 것도 당연하고, 기대하는 것도 나쁘다고는 할 수 없다. 다만 '너무 기대하지는 말자'는 뜻이다.

6. 쓰레기를 주워 본 사람만이 알 수 있다

　청소하자고 하면 '청소해서 뭘 하는데?' 하고 물어보는 사람이 있다. '청소를 하면 이득이 생길지도 몰라.'라고 대답하면 '청소를 하면 뭐가 이득인데?' 하고 또 반문할 것이다.

　이것은 너무 합리성만 따지는 행동이다.

　청소에 한정된 이야기가 아니다.

　'잘나가는 영업 직원'과 '못나가는 영업 직원'의 차이도 이와 비슷하다. 선배에게서 '고객에게 인사장을 보내는 것이 좋다.'라는 말을 듣고 바로 실행에 옮기는 직원도 있지만, '인사장을 쓰면 뭐가 좋은데?', '인사장 쓰는 데 들이는 시간이랑 경비는 타당한가?' 하며 합리성을 따지는 직원도 있다. 시간이 갈수록 그 두 직원의 차이는 확연해진다.

'머리로 생각하지 말고 우선 실행으로 옮기는 것'이 중요하다. 먼저 머리로 생각해 버리면 '행동으로 옮기지 않아도 되는 좋은 핑계거리'가 머릿속에 잔뜩 떠오르고 만다. 일단 '생각하기 전에 행동해야 한다.' 이것은 청소뿐 아니라 모든 일에서 통하는 말이다.

제2화
"청소를 하면 꿈이 이루어집니까?"에서 배우는
'깨달음의 한 문장'

제2화에는 젊었을 적 노인의 이야기가 실려 있다.

아무리 훌륭하고 유명한 사람이라도 어려운 시절은 있는 법이다. 그 시절을 어떻게 지나서 지금에 이르렀을까? 물론 높은 자리에 올라서기 위해서는 '본인의 노력'도 필요하다. 하지만 한 사람의 힘만으로는 한계가 있다. 그럼 어떻게 하면 좋을까?

좋은 친구, 좋은 스승과의 만남이 운명을 바꾼다. 자기를 지지해 주는 많은 사람들이야말로 성공의 필수 조건이다. 가토리 겐고의 경우에는 청소를 통해 자신의 열렬한 지지자를 만날 수 있었다.

그럼 이제부터 제2화 "청소를 하면 꿈이 이루어집니까?"에서 깨달아야 할 점에 관해 이야기하겠다.

1. 능률과 효율을 높이기 위해 머리를 써라

전자기기 제조회사 '교세라'의 창업자인 이나모리 가즈오는 저서 『왜 일하는가』에서 이런 이야기를 했다.

대부분의 사람이 귀찮아하는 청소를 진지하고 창조적으로 한다면 어떻게 될까?

예를 들어 어제까지 빗자루를 들고 사무실을 오른쪽에서 왼쪽으로 쓸었다면, 오늘은 네 구석에서 가운데로 쓸어 보자. 혹은 빗자루만으로는 깨끗해지지 않으니까 대걸레도 사용해 보자.

······(중략)······

그러한 창의적인 연구를 날마다 하다 보면, 1년쯤 지났을 때 청소의 프로로서 직장 동료들에게서 높은 평가를 받게 될 것이다. 그렇게 되면 건물 전체의 청소를 책임지게 될지도 모른다. 더 나아가 건물 청소 대행 회사를 설립하고 운영하는 것도 한낱 꿈이 아니다.

······(중략)······

아무리 사소한 일이라도 문제의식을 갖고 적극적으로 나서서 상황을 파악한 뒤 개선 방향을 고민하는 사람은 그렇지 않은 사람보다 훨씬 앞서 가게 된다.

'바빠서', '힘들어서', '어려워서', '지쳐서' 등의 핑계를 대고 도망치려 하지 마라. 바쁜 것은 누구나 마찬가지고, 힘들고 어려운 것은 누구나 싫어한다. 그런데 사실 그런 핑계가 능률을 높이기 위한 원동력이라 할 수 있다. '편해지고 싶기 때문에' 일상 업무에서 창의적인 연구를 하게 되는 것이다.

가토리 겐고는 바닥에 붙은 껌을 떼어 내기 위해 아사쿠사에 있는 갓파하시 상점가에서 뒤집개를 구입했다. 아주 사소한 아이디어였다. 그 아이디어는 능률과 효율을 높였다. 전에는 막차 시간이 되어서야 퇴근했지만, 뒤집개를 구입하고 나서는 정시에 퇴근할 수 있게 되었다.

이것은 청소에 한정된 이야기가 아니다. 여러분은 날마다 야근한다고 불만을 터뜨리지는 않는가? 일이 벅차다고 한숨짓지는 않는가?

'필요는 발명의 어머니'라고 한다.

'편해지고 싶다'는 마음을 그냥 놔두면 게으름이 된다. 하지만 머리를 쓰면 업무 효율을 높일 수 있는 여지가 생긴다.

청소는 업무 효율을 높이는 데 가장 좋은 '두뇌 트레이닝'이다.

2. 더러운 사람이 있으니까 청소를 할 수 있는 것이다. 더러운 사람, 쓰레기 버리는 사람이 손님이다

젊었을 적의 가토리 겐고는 한 중년 남자에게서 이런 말을 듣는다.

"나처럼 더러운 놈이 있으니까 네가 청소를 할 수 있는 거야.

쓰레기를 버리는 사람이 있으니까 네가 쓰레기를 주울 수 있는 거야. 그렇지?"

"백화점 같은 데서는 더러운 사람, 쓰레기 버리는 사람이 손님이야. 그 손님에게 '더럽히지 말라'니, 이게 무슨 경우야! 그건 백화점에서 물건을 사지 말라는 말이랑 마찬가지야. 그러면 너는 월급도 못 받아."

필자도 예전에는 월급쟁이였다.

거의 매일 술집에서 동료들과 회사 험담을 늘어놓기 일쑤였다. 다들 '좋아서 취직한 회사'였을 텐데 말이다. 물론 필자도 포함해서. 스스로 선택한 회사이니 일도 좋아해야 마땅하다. 하지만 왠지 '너무 바쁘다.', '한심한 손님을 상대하기가 싫다.', '인사이동을 이해할 수 없다.' 하는 식의 불만만 늘어놓았다.

좋아서 시작한 일인데, 언제부터인가 '편하게 돈 벌자'는 쪽으로 마음이 쏠리게 되었다. 아무리 일이 많아도, 아무리 싫어하는 손님이라도, 그것이 일이라면 기꺼이 해야 함에도 불구하고.

필자는 그 시절 사무실 건물을 청소하는 아주머니와 알고 지냈다. 아주머니가 화장실을 청소할 때 이야기를 자주 나눌 수 있었다. 필자는 화장실이 더럽혀진 모습을 보고, 필자가 더럽힌 것도 아닌데 왠지 미안해서 물었다.

"왜 이렇게 사람들이 지저분하게 쓰는지, 참 한심하죠? 지저분하게 쓰는 사람이 없다면 아줌마 일도 편해질 텐데요."

아줌마는 싱긋 웃으며 대답했다.

"건물 청소 일을 시작할 때 나 자신에게 물어봤어. 화장실 청소도 할 수 있겠냐고. 나는 '할 수 있어!' 하고 대답했지. 그렇게 결정한 이상, 손님을 기쁘게 만들기 위해 깨끗이 청소하는 일 말고는 딴 생각 안 해. 그래서 화장실을 누가 더럽혔는지는 한 번도 생각해 본 적 없어."

그것은 청소에 한정된 이야기가 아니다. 어떤 일에든 적용할 수 있다. 어떤 일이든 그 일을 할 수 있는 것만으로도 매우 고맙게 생각해야 마땅하다. 지금도 그 아주머니의 말이 잊혀지지 않는다.

3. 아무도 안 다니는 곳까지 청소하라. 어떤 말에도 흔들리지 않

는, 겉과 속이 같은 사람이 되어라

가토리 겐고는 긴자의 유명 클럽 마담에게 이런 말을 들었다.

"왜 이런 곳까지 청소하나요?"

"제 말은……. 왜 아무도 안 다니는 곳까지 청소하느냐는 뜻이에요."

"그냥 봐도 먼지 하나 떨어져 있지 않은걸요. 아, 죄송. 제가 담뱃재를 떨어뜨렸네요."

"이런 곳까지 청소할 필요는 없잖아요?"

"바보 아니에요? 당신 좀 이상해요."

그래도 청년 가토리는 '겉과 속이 다른 사람'이 되기 싫어서 그다지 더럽지 않은 계단까지 꾸준히 청소했다.

이것은 언뜻 쉬워 보이지만 의외로 꽤 힘든 일이다.

필자는 외출할 때마다 늘 갈등하는 것이 있다. 가까운 지하철 역 계단에는 누가 버리는지 빈 캔이 항상 굴러다닌다. 그래서 필자는 버려진 캔을 싹 다 줍고 역 구내의 쓰레기통에 버린 후 전철을 탄다.

그런데 매일 그러지는 못한다. 아니, 솔직히 말해 그러지 못하는 날이 더 많다. 피곤하거나 시간이 없다는 이유로, 빈 캔이 눈에 들어와도 못 본 척 지나치고 만다. 양손에 짐을 들고 있거나, 비 오는 날에 우산을 들고 있으면 '빈 캔을 줍지 않아도 되는 핑계'로 삼게 된다.

그뿐만이 아니다. 빈 캔에 흙탕물이 묻어 있으면, '손이 더러워질지도 모르니까 안 주워도 괜찮다'라는 좋은 핑계거리가 된다.

여기에서 갈등이 시작된다. 빈 캔을 보고도 그냥 지나쳤을 때에는 마음속이 안개 낀 것처럼 답답해진다. 빈 캔을 줍지 않고 지나치는 모습을 눈여겨보고 비난하는 사람은 아무도 없다. 하지만 필자는 다른 사람이 아닌 '나 자신이 보고 있다'고 생각한다. '아무도 보지 않으니까' 괜찮다고 생각하면 안 된다. '누군가가 보고 있으니까', '누군가가 비난하니까'라는 동기는 매우 부정적이다. 이것을 반대로 말하면, '아무도 보는 사람이 없으면 무슨 짓을 해도 상관없다'라는 말이 되어 버린다. 더 나아가면, '아무도 보지 않으면 아무것도 하지 않겠다. 시키는 것만 하겠다' 라는 태도까지 낳게 된다.

그러나 '하나를 보면 열을 아는 법'이다. 여러분의 행동 하나를 보면 여러분의 모든 행동을 알 수 있다.

'겨우 빈 캔 하나'이지만, 이것을 어떻게 처리하느냐에 따라 여러분의 모든 행동을 판단할 수 있다. 뉴스에서는 '식품 원산지 허위 표시 사건'이 끊임없이 터져 나온다. 범인은 "들키지만 않으면 괜찮을 줄 알았다.", "아주 사소한 거라서 괜찮을 줄 알았다."라고 변명한다. 하지만 '하나를 보면 열을 아는 법이다.' 불법을 저지른 당사자도 자신의 행동이 불법이라는 사실을 어느 정도는 알고 있는 경우가 대부분이다. '겉과 속'이 다른 마음 때문에 규정 위반을 해 놓고도 변명하기에만 급급한 것이다.

가토리 겐고는 이렇게 말했다.

"누군가가 보고 있기 때문에 일을 하는 것이 아니다."

"내가 보고 있기 때문에, 내가 납득하기 위해 일을 하는 거야. 그래야 기분이 좋아."

모든 사람의 마음속에는 '만물을 꿰뚫어보는 신'이 살고 있다.

4. 돈보다 소중한 것, 그것은 '한 가지 일을 꾸준히 하기', 참고 견디며 우직하게 몰두하기

필자가 멋대로 만들어 본 격언이 있다.

'0과 1은 100 정도의 차이가 있다.'

물론 수학에서는 '1-0=1'이므로 차이는 '1'밖에 되지 않는다. 하지만 위 격언에서 '1'은 '목표를 향해 나아가는 첫걸음'을 의미한다.

자신의 꿈을 열정적으로 이야기하는 사람이 있다. 하지만 99퍼센트의 사람은 자신의 꿈을 향해 첫걸음을 떼지 못한다. 행동으로 옮기려 할 때마다 '해서는 안 되는 이유'가 이것저것 떠오르기 때문이다. '1년 후에 시작하겠다'고 말한 사람을 1년 후에 또 만나 보면, 역시 '지금은 이런저런 일로 바빠서 또 1년 후에 시작하겠다'라고 말하기 일쑤다.

또 '정년퇴직 후의 계획'을 당차게 준비한 사람들 가운데 대부분은 막상 정년퇴직하게 되면 '이런저런 일로 바빠서……'라는 핑계로 아무것도 하지 않는다. 정말 하고 싶다면 지금 당장 하라. '지금 당장 할 수 없는 행동력'은 '행동력'이 아니다.

즉, '새로운 행동을 시작하는 데 가장 좋은 시기는 지금 말고
는 없다.' 그리고 '행동으로 옮긴 후에는 더 효율적으로 행동할
수 있는 방법을 생각해야 한다.' 그러지 않으면 '해서는 안 되는
이유'를 이것저것 들게 되고, 결국 다음으로 미뤄서 행동하지
못하게 된다.

'1과 2는 1,000 정도의 차이가 있고, 2와 3은 10,000 정도
의 차이가 있다.'

첫걸음을 내딛는 일은 누구나 눈 딱 감고 할 수 있다. 하지만
두 걸음, 세 걸음 내딛는 일은 훨씬 어렵다. 이것이 '작심삼일'
의 원인이다.

가토리 겐고는 '달콤한 유혹'을 과감히 뿌리쳤다.

세상에는 '돈보다 소중한 것'이 많다. '청소'를 하면서 그 소중
한 것들을 배웠다.

'한 가지 일을 꾸준히 한' 덕분이었다.

이 책에서는 청소를 예로 들었지만, 다른 업무와 삶의 모든
영역에서도 '한 가지 일을 꾸준히 하는 것'이 성공의 비결이라
할 수 있다.

5. 아무도 모르게 열심히 일하는 사람이 있다

청년 가토리는 어느 날 출근길에 갑자기 배가 아파서, 중간 전철역에서 내려 화장실로 뛰어 들어갔다. 그런데 그 화장실은 반짝반짝 빛날 만큼 깨끗했다.

가토리는 '대체 누가 이곳을 청소하는 걸까?' 하고 생각했다.

그렇다. 화장실도, 공원도, 길거리도 누군가가 청소하고 있다. 하지만 많은 사람이 관심을 기울이지 않는다. 사실 이것은 커다란 '깨달음'이다. 보이지 않는 무대 뒤에서 열심히 제 역할을 다하는 사람이 세상에는 많다.

예를 들어, 회사에서 상품을 가장 많이 판매하는 영업 직원은 '영업왕'이라고 불리면서 점차 거만해진다. 자기 혼자 회사를 먹여 살린다는 둥, 전 직원의 월급을 자기가 번다는 둥 하며 자랑을 늘어놓는다.

하지만 그 '영업왕'을 묵묵히 지원해 주는 사람이 그의 뒤에 무수히 많다. 컴퓨터를 관리하는 사람, 경리를 담당하는 사람, 광고와 홍보를 담당하는 사람, 상품을 매입하는 사람도 있다. '일은 혼자서 하는 것이 아니라는 사실'을 우리는 종종 잊어버리고 산다.

'삶은 한 편의 영화'라는 말을 자주 한다.

흔히 '주연'과 '감독'만이 스포트라이트를 받지만, '조연'과 '엑스트라'가 없으면 한 편의 영화가 완성되지 않는다. 프로듀서, 카메라, 대도구, 소도구, 타임키퍼, 조명, 특수효과, 음악 등 보이지 않는 곳에서 일하는 사람들이 있어야 비로소 한 편의 영화가 탄생한다.

청소를 함으로써 '자신은 사회의 일부분'임을 새삼스레 인식할 수 있고, 다양한 일을 하는 사람들에게 감사의 마음을 가질 수 있다.

제3화
"청소를 하면 인생이 바뀝니까?"에서 배우는
'깨달음의 한 문장'

"이런 이야기는 비현실적이다."

"소설이나 픽션은 얼마든지 쓸 수 있다."

이렇게 말하는 독자도 있을 것이다. 분명 이 책의 '이야기'는 허황된 것일 수도 있다. 하지만 이 스토리는 실화를 바탕으로 쓰였다. '현실은 소설보다 기이하다'라는 말이 있듯이, 이 소설의 바탕이 된 실화는 이 소설의 스토리보다 '훨씬 비현실적'이 었다.

지바 현에 '야쓰 갯벌'이라는 곳이 있다.

어느 날, 신문 배달을 하던 모리타 사부로 씨는 어렸을 적 자주 가서 놀았던 야쓰 갯벌이 매립될 것이라는 소식을 들었다. 그래서 한걸음에 야쓰 갯벌을 찾아갔더니 타이어, 이불, 가축 뼈, 오토바이 등의 '쓰레기'가 버려져서 악취를 풍기고 있었다.

시청의 생태조사에서는 '야쓰 갯벌은 곧 완전히 파괴될 것'이 라는 분석 결과를 내놓았다. 모리타 씨는 야쓰 갯벌을 보존하는 단체에 들어가서 '행정기관'에 민원을 넣었지만 거절당했다. 그래서 모리타 씨는 혼자서 광대한 야쓰 갯벌에 버려진 쓰레기를 줍기 시작했다.

빈 캔 같은 작은 쓰레기만 주운 것이 아니었다. 흙 속에 파묻힌 자전거나 오토바이도 건져 냈다. 하지만 얼마 지나지 않아 덤프트럭이 와서 막대한 쓰레기를 불법 투기하고 갔다. 근처 주민들도 생활 쓰레기를 버리고 갔다. 모리타 씨는 화가 머리 끝까지 치솟았다.

"쓰레기를 열 개 버리면, 나는 스무 개를 줍겠다."며 하루도 거르지 않고 쓰레기를 주웠다.

어느 날, '근처에 살면서 야쓰 갯벌을 더럽히는 것이 양심에 걸린다'며 주부들이 한두 명씩 도와주기 시작했다. 마침내 그 모습이 신문에 소개되었고, 쓰레기를 버리는 사람도 점차 사라지게 되었다.

결국 야쓰 갯벌은 '국가 지정 조수 특별 보호 구역'으로 지정되었고, 물새 서식지로서 람사르 협약(물새 서식지로 중요한 습지를 보호하는 국제 협약)에도 등록되었다. 모리타 씨가 쓰레기를 줍기 시작한 지 13년이라는 세월이 흐른 뒤였다.

'한 사람의 힘을 무시할 수 없다'는 사실을 증명한 실례이다. 어쩌면 당신이 '세상을 바꾸는 한 사람'이 될 수도 있다. (참고

도서 : 하스미 타로 저, 『단 한 사람의 힘』)

　　그럼 이제부터 업무와 인생에 도움이 되는 키워드를 제3장에서 뽑아서 설명하겠다.

1. 1억에서 1을 빼면 나머지는 틀림없이 99,999,999가 된다

　　큰 문제에 직면하면 많은 사람은 '불가능하다'고 생각한다. 시작하기도 전에 처음부터 해 보려는 의욕조차 보이지 않는다. 높이 300미터의 산은 누구나 오를 수 있다. 초등학교 때 소풍이나 야영 행사를 통해 경험해 봤기 때문이다. 하지만 3,000~4,000미터의 산은 그렇지 않다. 이유는 간단하다. '과거에 그렇게 높은 산을 올라 본 경험이 없기 때문'이다. 역시 사람은 '오르지 않았던 산의 정상은 상상할 수 없는 법'이다. 그렇게 높은 산이라면 꼭대기가 구름에 가려서 보이지 않기 때문에 더 두려운지도 모른다.

　　하지만 한 번이라도 오른 적이 있는 산이라면 등산로와 정상의 모습을 알 수 있다. 그래서 겁먹을 일이 하나도 없다.

올라 본 경험이 있는 사람과 없는 사람, 달성한 경험이 있는 사람과 없는 사람은 그만큼 차이가 크다.

세상에는 올라 본 적 없는 산이 더 많다. 물론 경험이 없으므로 두려운 것도 당연하다. 그러나 아무리 '무한대에 가깝게 커다란 산'이라도 어떻게든 정상에 도달할 수 있다. 그러기 위해 가장 중요한 것은 '일단 첫걸음을 내딛는 일'이다. 그리고 꾸준히 오르고 또 오르는 것이다. 그렇게 하면 반드시 목표에 도달한다. '조금씩 나아가서는 아무 소용 없다!'라든가 '바닷물에 잉크 한 방울 떨어뜨리는 일이다!'라고 반박할 수도 있다. 하지만 물리적으로는 아무리 높은 산이라도 반드시 끝이 있고, 그 끝을 향하기 위해서는 첫걸음을 내디뎌야 한다. 그러한 첫걸음은 결코 제로가 아니다. 정상까지가 터무니없이 먼 거리라 하더라도, 아무리 1억 걸음을 걸어야 하더라도, 첫걸음을 내디디면 나머지는 틀림없이 99,999,999걸음이 된다.

즉, '한 걸음, 한 걸음 꾸준히 내디딜 수만 있다면 반드시 정상에 도착한다.'

2. '내가 할 수 없는 이유' 혹은 '남에게 시키는 방법'을 생각하기 전에 자신이 직접 하라

전에 필자가 회사에 다닐 때 이런 선배가 있었다.

A선배는 상사에게서 새로운 일을 지시받으면 '그 일을 하지 않고 넘어가는 방법은 없을까?' 하고 생각했다. "지금은 바쁘니까 다른 사람에게 시켜야지."라고 말하기도 했다. "그건 원래 우리 과의 일이 아닙니다."라면서 다른 과로 넘기도록 상사를 설득하기도 했다. 두뇌 회전이 빠른 A선배의 말은 항상 논리적으로 옳게 들렸다.

"내가 하지 않고 남을 시키는 것이 가장 효율적인 방법이다!", "다른 사람을 잘 이용하는 것이 성공의 지름길이다."라고 A선배는 입버릇처럼 말했다.

하지만 또 한 사람, 어떤 일을 지시받으면 "네!" 하며 무조건 받아들이는 B선배가 있었다. 당연히 B선배에게는 업무가 집중되었다. 어느 날 필자는 B선배에게 물었다.

"왜 그렇게 뭐든지 '네, 네.' 하면서 다 받아들이는 거예요?"

B선배는 이렇게 대답했다.

"토론하는 시간이 아까워서. 그런 거 할 시간 있으면 그냥 내가 얼른 해치워 버리는 게 낫지."

당연한 일이지만, B선배는 항상 주위 사람에게서 존경을 받았다. 기업에서 최종적으로 높은 자리에 오르는 사람은 남에게서 존경받는 사람, 요컨대 '인격자'이지 '능력자'가 아니다.

이 책에 등장하는 게이스케는 은어강 청소를 시작하기 전 '행정기관을 움직이는' 데에만 골몰했다. 다른 사람에게 시키는 것만을 생각한 셈이다. 하지만 유치원생인 류를 보고 '깨달았다.' 작은 힘이지만 일단 자신이 먼저 움직여야 한다는 사실을. 자신이 직접 해 봐야 한다는 사실을. 모든 일은 거기에서부터 시작되는 것이다.

3. 남을 위해 하는 것이 아니라 나를 위해 하는 것이다

쇼헤이는 '왜 청소를 하는 것일까?' 하는 의문을 가졌다.

회사 사무실을 청소하는 것은 업무의 일환이므로 '돈벌이'라고 생각했다. 하지만 상점가 청소는 '봉사 활동'이었다. 남을 위해, 세상을 위해 자신이 청소해 준다고 생각했다. 청소하면 기뻐하는 사람이 생긴다. 쇼헤이는 자신으로 인해 기뻐하는 사람의 얼굴을 보는 것이 기분 좋다고 했다. 자신의 마음속까지 청소가 된 듯 예전의 자신과는 확연히 달라졌다고도 했다. 결국 '자신을 위해서 청소하는 것이 아닐까' 하는 생각에까지 이르렀다.

청소는 '남을 위해 하는 것'이 아니라 '나를 위해 하는 것'이다. 이 둘은 천양지차이다. 남을 위해 한다고 생각하면 태도가 거만해진다. 조금이라도 거슬리는 일이 생기면 멋대로 그만둘 수 있다. 하지만 나를 위해 한다고 생각하면 '감사의 마음'을 갖게 된다. '청소를 할 수 있어서 다행이다.' 하고 생각하는 '겸허한 마음'이 길러진다.

이것은 청소에 한정된 이야기가 아니다. 모든 일에 적용할 수 있다.

얼마 전 택시를 탔을 때의 일이다.

"죄송한데요, 길을 잘못 드신 것 같은데요."

필자가 차 안에서 휴대전화로 업무 상담을 하다가 정신을 차려 보니, 택시가 아주 먼 길로 돌아서 가고 있었다.

"죄송합니다. 택시 운전한 지 얼마 되지 않아서요."

운전사가 사과했지만, 필자는 화가 치밀었다. 아마 요금이 평소의 두 배 정도 나올 것 같았다. 필자는 짜증 섞인 말로 방향을 지시했다.

"다음 신호에서 오른쪽으로. 그 다음에 직진요."

필자의 말투는 가시가 돋친 듯 날카로웠다. 문득 조수석 뒤편에 적힌 운전사의 프로필에 눈길이 갔다.

- 이름…야마다 ○○
- 취미…야구, 낚시
- 출신지…오키나와

나고야의 모 택시 회사에서는 자동차마다 이러한 프로필을 게시하고 있었다. 오키나와를 무척 좋아하는 필자는 운전사에게 말을 걸었다.

"와, 오키나와 분이시네요. 오키나와 좋죠."

길을 잘못 든 죄로 여러 번 사과하느라 주눅 들었던 운전사의 말투가 갑자기 밝아졌다.

"오키나와 좋아하세요? 오키나와 어디에 가 보셨습니까?"

그것을 계기로 대화에 꽃이 피었다. 오키나와는 구직자 수 대비 일자리 수의 비율이 전국에서 가장 낮은 지방이다. 즉 오키나와 출신 사람들은 고향에서 일할 곳이 별로 없다는 뜻이다. 그 운전사도 가족을 고향에 두고 혼자서 타지에 나와 생계를 꾸리는 중이었다. 필자는 운전사에게 짜증냈던 자신이 부끄러워졌다.

누구라도 '초보 시절'은 있다. 필자도 취직한 지 얼마 안 되었을 때에는 항상 식은땀을 삐질삐질 흘렸다. 같은 일을 5년, 10년 하다 보니 그런 신입 시절을 까맣게 잊었다. 운전사의 입장에서 생각해 보니 조금은 마음이 누그러졌다.

택시에 '타 준 것'이 아니라 택시에 '태워 주어서 고맙다'는 겸허한 마음……. 자신이 돈을 내는 사람이라고 생각하면 아무래도 다른 사람을 쌀쌀맞게 대하게 마련이다. 그리고 조급한 나머지 '마음의 여유'까지 잃어버리고 만다.

그것은 '이기심(나만 좋으면 된다는 사고)'으로 연결된다. 초보 택시 운전사와의 대화를 통해 새삼 깨달은 바가 컸다.

알고 보니 그 운전사는 택시 일을 한 지 고작 사흘밖에 되지 않았다. 택시에서 내릴 때 일부러 힘주어 말했다.

"열심히 사십시오!"

그러자 운전사는 매우 씩씩한 목소리로 대답했다.

"고맙습니다. 잊으신 물건 없으십니까?"

모든 일은 남을 위해 하는 것인 듯하면서도 다 나를 위해 하는 것이다. 그런 겸허한 마음이 좋은 결과를 낳는다. 그런 마음은 업무에서뿐만 아니라 모든 영역에서 통한다. '내가 물건을 사 주는 것이 아니라, 물건을 팔아 주어서 고맙다는 마음', '내가 식당에 가서 먹어 주는 것이 아니라, 맛있는 음식을 먹게 해 주어서 고맙다는 마음', '내가 남을 위해 살아 주는 것이 아니라, 행복하게 살게 해 주어서 고맙다는 마음……'

4. 다른 사람의 충고를 순순히 받아들여야 성공한다

메이저리그에서 뛰는 마쓰이 히데키 선수의 고등학교 시절 에피소드를 잡지에서 읽은 적이 있다.

세이료 고등학교 1학년 여름, 마쓰이 선수는 '4번 타자'로 고시엔 구장에 섰다. 그런데 언론에서 너무 띄워 주는 바람에 마쓰이 선수는 지나치게 거만해졌고, 그 탓에 야구부 감독의 눈 밖에 나고 말았다.

이대로 가다가는 가을 고시엔 대회 때 활약도 못 해 보고 잊

혀질지도 모른다고 생각했다. 그때 마쓰이 선수의 눈에 들어온 것이 야구장 1루 측 더그아웃의 칠판에 적혀 있던 다음과 같은 문구였다고 한다.

- 마음이 바뀌면 행동이 바뀐다.
- 행동이 바뀌면 습관이 바뀐다.
- 습관이 바뀌면 인격이 바뀐다.
- 인격이 바뀌면 운명이 바뀐다.

그 후 마쓰이 선수는 마음을 고쳐먹고 야구에 전념했다고 한다. '마음이 바뀌면, 행동이 바뀌고, 습관이 바뀌고, 인격이 바뀌고, 인생이 바뀐다'는 문구를 가슴에 새긴 채. 그렇게 해서 지금은 누구나 다 아는 대형 타자가 되었다.

게이스케는 가토리의 말을 순순히 듣고 청소를 시작했다. 원래 따지기 좋아하는 게이스케의 성격을 알아챈 가토리는 자신의 말을 순순히 받아들여 주는 게이스케의 모습을 보고 응원하는 마음을 갖게 되었다.

'마음이 바뀌면⋯⋯.'의 '마음'이란 '다른 사람의 충고를 받아들이는 솔직하고 겸손한 마음'을 말한다.

어느 유명 기업의 사장이 '면접을 볼 때 지원자가 남의 충고를 받아들일 만큼 겸손한지, 아닌지를 보고 최종 채용 여부를 결정한다.'라고 말할 만큼, '겸손한 마음'은 중요하다. 겸손함은 '사람이 성장하는 데 가장 필요한 요소'이기도 하다. 핑계거리만 찾고자 하는 마음을 바꾸면 '사람의 운명'이 달라진다.

5. 배우는 것보다 스스로 깨닫는 것이 필요하다. 따라서 가르쳐 주기보다 이끌어 주어야 한다

가토리는 게이스케에게서 편지를 제대로 받았다. 하지만 자신이 직접 움직이지 않았다. 대형 호텔 그룹의 총수라면 행정 기관, 정치가, 언론 등을 움직이기란 그다지 어려운 일이 아니다. 하지만 굳이 그러지 않았다.

게이스케를 만나거나 충고해 주지도 않았다. 다만, 유치원생인 류를 통해 '깨달음'의 힌트를 주었을 뿐이다.

'배우는 것'과 '스스로 깨닫는 것'은 큰 차이가 있다. 땅과 하늘 차이라고 할 만큼 큰 차이다. 남이 제시해 준 답을 배우기만 하면 편하지만, 비슷한 문제를 접했을 때 '응용'하지는 못한다.

'비슷한 문제'인 데다 '답도 거의 유사함'에도 불구하고, 정답을 내놓지 못하는 것이다.

스스로 고민해 보지 않아서 문제 해결 경험이 몸에 배지 않은 탓이다. '가르치는 쪽'도 마찬가지다. 노하우를 전부 가르쳐 주는 것은 쉽다. 하지만 그렇게 하면 진정한 인재를 기를 수 없다. 답답할지도 모르지만 가르쳐 주기보다 천천히 이끌어 주어야 한다.

6. 마지막으로 한 번 더, "쓰레기를 주워 본 사람만이 알 수 있는 것이다."

일본의 유명 인터넷 쇼핑사이트 '라쿠텐'의 미키타니 히로시 회장은 저서 『성공의 콘셉트』에서 다음과 같이 말했다.

라쿠텐에서는 청소업자를 고용하지 않는다. 청소는 직원 스스로 하도록 하기 때문이다. 테니스장에서 공을 알아서 정리하는 것과 마찬가지로 사업장도 스스로 청소하도록 한다. 누구나 자신의 집에 쓰레기가 떨어져 있으면 아무 불만 없이 치울 것이다. 사업장에 떨어진 쓰레기를 스스로 치운다는 의식은 사업장을 자신의 집처럼 생각하는 의식으로 연결된다. 사원 개개인이 회사를 자신의 집처럼 생각하면 동료를 자신의 가족처럼 여기게 된다. 그런 의식과 문화를 라쿠텐 안에서 키우고자 한다.

라쿠텐의 전 직원이 자신의 책상 주변을 청소하는 모습을 텔레비전에서 시청한 사람도 많을 것이다. 처음 그 사실을 알았을 때 필자는 놀랐다. 독자 여러분도 아시다시피 라쿠텐은 인터넷업계의 최대 기업이다. 당연히 그곳에서는 능률과 효율을 무엇보다 중시할 것이다. 능률과 효율이라는 관점에서 보면 '직원이 스스로 사무실을 청소하는 것'은 매우 비효율적이다. 청소할 시간이 있으면 자신의 업무에 집중하는 편이 훨씬 이익이다.

하지만 라쿠텐은 청소업자를 고용하지 않는다. 직원 스스로 하도록 말이다.

'쓰레기를 주워 본 사람만이 알 수 있다.'

무슨 일이든 '따지지 않고 실천하는 사람만이 알 수 있다.' 즉, 미키타니 회장은 청소의 효용을 체험으로 알고 있기 때문에 전 직원에게 청소를 업무의 하나로서 지시한 것이 틀림없다.

　일본에서 청소로 유명한 기업가가 있다. 그 사람은 'NPO법
인 일본을 아름답게 만드는 모임'의 상담역이자, '옐로햇'의 창
업자인 가기야마 히데사부로이다. 가기야마는 회사를 창업한
1961년부터 지금까지 쭉 청소를 계속해 왔다.
　사업이 잘 안 될 때 가기야마는 '적어도 직장만큼은 깨끗이
하자'는 생각으로 사업장은 물론 화장실과 현관까지 매일 깔끔
하게 청소했다. 그러나 아무도 도와주려고 하지 않았다고 한
다.
　그렇게 10년 동안 청소를 계속했다. 그러자 한두 명씩 청소
를 도와주는 사람이 생겼다. 마침내는 전 직원이 청소에 참여
하고, 회사는 번창하게 되었다.
　가기야마는 '청소를 하면 사람의 마음이 바뀌고, 사람의 마
음이 바뀌면 회사가 바뀐다'는 사실을 몸소 증명했고, 모범이
되었다.
　그 후 'NPO법인 일본을 아름답게 만드는 모임'을 설립하고
스스로 앞장서서 공공장소 청소를 실시하고 있다. 그 시스템

은 일본 전국으로 퍼졌고, 지금은 해외에서도 청소 지도에 나
서고 있다.

지금까지의 '해설'을 읽고, 필자가 소설에서 전달하고 싶었던 메시지를
부디 실천해 주셨으면 한다.

그리고 게이스케, 준코, 가토리, 류의 뒷이야기는 독자 여러분이 직접
만들어 보시기 바란다. 여러분 자신의 체험으로서.

옐로햇의 창업자인 가기야마는 다음과 같은 유명한 말을 남겼다.

"하나 주우면 하나만큼 깨끗해진다."

우선 그 하나, 그 첫걸음을 내디뎠으면 한다.
독자 여러분의 건승과 행복한 인생을 진심으로 기원한다.

그럼 마지막으로 한 번 더.

"쓰레기를 주워 본 사람만이 알 수 있는 것이다."

맺음말

'청소와 돈…….'

이 책을 읽기 전에는 청소와 돈이 대체 무슨 관계인지 의아해하는 독자도 계셨을 것이다.

'청소와 돈이라는 이질적인 것을 함께 묶다니, 장난하는 것도 아니고.' 하며 불쾌해하는 독자도 계셨을지 모르겠다.

최근 경영자들 사이에서 '청소 붐'이 일고 있다.

경영이 잘되는 회사일수록 전 직원이 사내 청소는 물론 지역 전체의 청소 활동에까지 나선다. 그래서 '청소를 하면 경영 상태가 좋아질지도 모른다'고 반신반의하며 청소를 시작하는 사장님들도 많은 듯하다.

사람은 물에 빠지면 지푸라기라도 잡는다고 하던가.

'말이 되든 안 되든, 일단 청소부터 시작하자!' 하는 일부 사장님의 행동력은 높이 살만하다.

하지만 그중에는 '청소를 시작하자마자 회사의 매출이 껑충 뛰어오를 것이다!' 하고 착각하는 사장님도 계신 듯하다.

또 그중에는 '우리는 이토록 청소를 잘했는데, 왜 아직도 적자야!' 하며 고개를 갸우뚱하는 사람도 있을 것이다.

이처럼 청소와 돈이 잘 연결되지 않는 이유는 청소의 '본질적 의미'를 간과한 채 '청소라는 형태, 청소라는 겉치레'만 흉내 냈기 때문이다.

그래서 필자는 청소를 하면 무슨 일이 일어나는지, 청소를 하면 사람이 어떻게 바뀌는지, 회사의 경영이나 한 사람의 인생은 어떻게 변해 가는지 등을 되도록 상세히 전달하기 위해 이 소설을 썼다.

이 책은 실화를 바탕으로 한 일본 최초의 '청소 소설'이다.
따라서 완전한 픽션은 아니다.

청소를 밥 먹듯이 하는 일본 전국의 경영자, 친구, 지인들로부터 전해 들은 다양한 실화가 섞여서 이 소설의 바탕이 되었다. 그 안에는 필자 자신의 청소 체험도 녹아 있다.

특히 필자가 '마음의 스승'으로 여기는 두 분에게서 배운 가르침이 이 책 전반에 걸쳐 흐르고 있다.

한 분은 '옐로햇' 창업자인 가기야마 히데사부로 씨다. 본문에서도 반복해서 나오는 가기야마 씨의 금언은 **'하나 주우면 하나만큼 깨끗해진다.'**이다. 이것이야말로 필자가 본문에서 꼭 전달하고 싶었던 진의다.

그리고 다른 한 분은 '카레하우스 CoCo 이치반야'의 창업자 무네쓰구 도쿠지 씨다.

무네쓰구 씨는 아직도 매일 아침마다 회사 주변 지역을 꼼꼼히 청소하고 있다. 무네쓰구 씨는 청소가 자신의 기업을 성공으로 이끈 원동력이라고 힘주어 말한다.

수십 년 전의 일이다. 필자가 요사이 근처 공원에서 쓰레기를 줍고 있다고 무네쓰구 씨에게 얘기하자, 무네쓰구 씨는 **"매일 안 하면 소용없어."**라고 대답했다. 비가 오나 바람이 부나 몸 상태가 안 좋거나 해도 청소를 거르면 안 된다고 했다. 가끔씩 게으름을 피웠던 필자에게는 가슴 뜨끔한 말이었다.

그 후에도 무네쓰구 씨는 필자를 만날 때마다 "공원 청소는 꾸준히 하나?"라고 물어보셔서 필자는 진땀이 났다.
"손익을 따지다 보면 청소를 꾸준히 하기 어렵지."
청소를 해도 보수는 못 받는다. 하지만 손익을 따지지 않고 청소를 계속하면 '덕망'을 얻을 수 있다. '꾸준함'의 중요성을 설파한 무네쓰구 씨의 말이다.

이 책에는 오로지 청소 체험담만을 다룬 부분도 있고, 청소와는 관계없지만 업무나 인생에서 커다란 '깨달음'이 될 만한 사건을 청소라는 무대로 옮겨서 표현한 부분도 있다. 이 소설의 무대는 제목에서도 알 수 있듯이 '청소'이다. 하지만 그 무대는 어디까지나 하나의 예일 뿐이다. 이 소설의 내용은 영업, 접객, 사무, 경리, 회계, 건축, 웹 개발 등……. 모든 업무 분야에 대입해서 이해할 수 있다.

따라서 이 책을 '청소 책'이라고 한정해서 파악하지 말아 주시길 아무쪼록 부탁드린다. 청소라는 것이 우리 주변에서 누구나 쉽게 접할 수 있는 예이기 때문에 이 소설의 무대로 삼은 것일 뿐이다. 그런데 여기에 '한 가지 진리'가 있다.

'청소를 잘하는 사람은 다른 일도 죄다 잘할 수밖에 없다.'

길거리에 떨어져 있는 빈 캔 하나, 혹은 회사 복도에 떨어져 있는 종이 한 장부터 줍기 시작해도 상관없으니 부디 '청소 습관'을 몸에 익히기 바란다. '쓰레기 하나를 줍는 사람은 소중한 것 하나를 줍는 사람'이라는 사실이 절실히 느껴질 것이다.

가장 중요한 것은 '바로 지금 행동으로 옮기고, 그 행동을 꾸준히 지속하는 것'이다.

필자의 '마음의 스승'으로부터 이 책에 실을 추천의 말을 받았다.

'일본을 아름답게 만드는 모임(NPO법인)' 상담역
'옐로햇' 창업자 – 가기야마 히데사부로
'쓰레기를 주우면서 인연도 함께 주웠다. 그 인연이 나의 운을 열어 주었다.'

'카레하우스 CoCo 이치반야' 창업자 – 무네쓰구 도쿠지
'청소를 꾸준히 하면 인생이 바뀐다.'

시가나이 야스히로

매일 청소 습관이
인생을 바꾼다

초판 1쇄 인쇄 2012년 11월 5일
초판 1쇄 발행 2012년 11월 9일

지은이 시가나이 야스히로 **옮긴이** 이용택
펴낸곳 북스마니아 **펴낸이** 임지호
주소 서울시 마포구 서교동 353-1 서교타워 1501호
팩스 02-6378-8700
출판등록 2009년 10월 23일 **등록번호** 105-18-65598

ISBN 978-89-97329-06-9 13190